U1010249

中国驻坦桑尼亚大使馆委托研究项目成果

非洲领袖跨文化研究

# 尼雷尔传论

赵白生　等著

世界知识出版社

**图书在版编目（CIP）数据**

尼雷尔传论：非洲领袖跨文化研究 / 赵白生等著. —北京：世界知识出版社，2022.11

ISBN 978-7-5012-6517-6

Ⅰ. ①尼… Ⅱ. ① 赵… Ⅲ. ①尼雷尔（Nyerere, Julius Kambarage 1922–1999）—传记 Ⅳ. ①K834.257=6

中国版本图书馆CIP数据核字（2022）第034232号

书　　名　**尼雷尔传论——非洲领袖跨文化研究**
Nileier Zhuanlun — Feizhou Lingxiu Kuawenhua Yanjiu

作　　者　赵白生　等著

责任编辑　侯奕萌
责任出版　赵　玥
责任校对　陈可望
封面设计　刘　凌

出版发行　世界知识出版社
地址邮编　北京市东城区干面胡同51号（100010）
网　　址　www.ishizhi.cn
电　　话　010-65265923（发行）　010-85119023（邮购）
经　　销　新华书店
印　　刷　北京旺都印刷有限公司
开本印张　787毫米×1092毫米　1/16　14½印张
字　　数　188千字
版次印次　2022年11月第一版　2022年11月第一次印刷
标准书号　ISBN 978-7-5012-6517-6
定　　价　76.00元

**版权所有　侵权必究**

# 目　录

# 前 言

朱利叶斯·尼雷尔，其名如雷贯耳，其人代不乏传。英国人写过，美国人做过，坦桑尼亚自己人最近也出了三卷本的大部头。[1]我们既不能说，这部《尼雷尔传论》是尼雷尔传记的开山之作；也不能讲，它是尼雷尔传记的扛鼎之书。声称前者，你必须是第一位为尼雷尔作传的人；而宣扬后者，你应该是尼雷尔传记的定本作家。前者抢占先机，后者夺得最终发言权，我们均无意为之。那么，中国人写一部尼雷尔传，有何特别？

别传，是我们这部传记的特别之处。

具体来说，别出心裁之处共有三点。首先，凸显尼雷尔的跨文化性。尼雷尔给人的第一形象，似乎已经基本定格，用斯瓦希里语来说就是："Baba wa Taifa." 尼雷尔者，国父也。这个第一形象，我们不但不加以颠覆，而且还浓墨重彩地给予描绘。但是，如果仅仅局限于这个形象，尼雷尔就难免"身在此山中"，而不为外人懂。事实上，尼雷尔本人给自己的身份定位，就不偏安于一隅。他目光远大，世界为怀：

> 20世纪的挑战是，如何把民族主义转化为国际主义。我们的成败在于，我们有无勇气相信国际机构，而在其中我们都只是一个小角色；我们的成败还在于，民族国家的领袖们能否在平等的基础上走向统一。

> 追寻和平，其路漫漫，而且艰辛。这条路，前人披荆斩棘，由来已久。大格·哈马斯乔德曾经引用过一位公元前350年的中国哲人的故事。这位哲人“周游列国，帮助世人，解决纷争”。[2]

这位“周游列国，帮助世人，解决纷争”的中国哲人是谁，尼雷尔没有点明，但有一点非常明了：尼雷尔愿意步他的后尘，把自己从一个民族主义者转化为国际主义者。尼雷尔的跨文化性，令其升华，让他成为世界舞台上的弄潮儿。所以，这部别传的一个特色，就是刻意聚焦作为国际主义者的尼雷尔：他的来龙去脉（尼雷尔与故乡、尼雷尔与马克雷雷、尼雷尔与英国）、他的纵横捭阖（尼雷尔与非洲、尼雷尔与苏联、尼雷尔与美国）、他的运筹帷幄（尼雷尔与坦桑尼亚、尼雷尔与南南合作、尼雷尔与中国）。

其次，非洲领袖的比较研究，让这部传记别具一格。非洲领袖的比较研究，可以表现为三种形式：非洲领袖之间的比较研究；非洲领袖与其他洲领袖之间的比较研究；非洲领袖被置入世界语境中加以衡量，观其异同，明其轻重。尼雷尔与卡翁达、尼雷尔与恩克鲁玛、尼雷尔与曼德拉等，均有著述，我们不再重复。我们的着力点在于，铺设一个世界参照系，考察尼雷尔在东西横轴和南北纵轴上的所思所言和所作所为。非洲文豪阿切贝（Chinua Achebe）在他的《尼日利亚的困局》一书中开门见山：“尼日利亚的困局，简而言之，直而言之，在于领导无方。根本上说，尼日利亚的民族性格，毫无问题。”[3]领导不力，乃非洲问题的一大源头。这一点，在非洲各界已形成基本共识。《非洲的挑战》一书，即是铁证。书中，诺贝尔和平奖得主、肯尼亚人马塔伊（Wangari Maathai）虽然对尼雷尔的领袖力赞赏有加，处处奉其为表率，但她也毫不讳言整个非洲的顽疾——“领导力赤字”（leadership deficit）。[4]因此，探究尼雷尔的领导力，特别是他在世界舞台上的卓越表现，不仅对非洲未来有着指导意义，而且对世界文明起到灯塔作用。

最后，传论写法，希望能让这本传记别具洞见。传论（biographical studies），作为传记文学的一种体裁，虽然经典不多，但也不乏名著。梁启超的《王荆公传》和唐德刚的《胡适杂忆》，均在传论上有所创获。[5]《尼雷尔传论：非洲领袖跨文化研究》不追求一波三折、跌宕起伏的叙述，而注重鞭辟入里、论从史出的阐述。当然，传论的理想效果，是在叙述和阐述之间能擦出火花，产生"化学反应"。但是，这需要才华，还有功力。

做一部有洞见的传论，是我们所追求的鹄的。

**引用文献：**


1. Issa G. Shivji, Saida Yahya-Othman and Ng'wanza Kamata, *Development as Rebellion: A Biography of Julius Nyerere, Book One: The Making of a Philosopher Ruler; Book Two: Becoming Nationalist; Book Three: Rebellion Without Rebels* (Dar es Salaam: Mkuki na Nyota Publishers Ltd., 2020).

2. Julius Nyerere, *Freedom and Unity* (Dar es Salaam: Oxford University Press, 1966), p. 284.

3. Chinua Achebe, "The Trouble with Nigeria," *An Image of Africa* (London: Penguin Books, 1983), p. 22.

4. Wangari Maathai, *The Challenge for Africa* (London: Arrow Books, 2010), p. 26.

5. 参见唐德刚：《最大的阿Q，最凶的阎王！——试论〈传记文学〉的责任》，载《书缘与人缘》，广西师范大学出版社，2006，第139–144页。

# 第一章　尼雷尔与故乡

马　骏*

## 一、何谓“乌贾马”精神

2022年5月15日，坦桑尼亚举办国父朱利叶斯·坎巴拉吉·尼雷尔（Julius Kambarage Nyerere）诞生100周年纪念大会。会上，基罗萨省（Kilosa）议员帕拉马甘巴·卡布迪教授（Prof. Palamagamba Kabudi）对尼雷尔的故乡布提亚马（Butiama）的历史归属提出了新的看法。卡布迪认为，尼雷尔的故乡原本应属于肯尼亚，只是因为德国殖民者与英国殖民者曾重新划分过德属坦噶尼喀与英属肯尼亚之间的边境，尼雷尔才最终成为一名坦噶尼

*　马骏，上海外国语大学东方语学院斯瓦希里语教研室、东非研究中心主任，讲师。主要研究方向为斯瓦希里语文学、东非社会文化。代表作：“Self-Positioning of New Chinese Community in Tanzania: Take ‘S’ Community as an Example,” *Journal of New Silk Road Studies* 4 (2018): 75-88；“Awakening from the American Dream: Kenyan Thoughts on Kunani Marekani,” *Journal of African Studies* 16. 1(2020): 179-196；“Dhana za ‘Junzi’ na ‘Xiaoren’ katika Fasihi Andishi: Utafiti Linganishi wa Wahusika katika Fasihi za Kiswahili na Kichina,” *Kiswahili* 83 (2020): 66-82。

喀人，成为坦桑尼亚人的国父。[①]欧洲殖民者们在柏林会议上抛开非洲人形成的历史决议从地图上看不过是偏移了几厘米，却在布提亚马为坦桑尼亚的民族独立埋下了一颗种子。柏林会议结束几十年以后，尼雷尔从故乡布提亚马出发，带着自己从非洲本土社会中提炼、发展出的"乌贾马"（Ujamaa）思想，在坦桑尼亚掀起了一场轰轰烈烈的国民建设运动。

1962年，当尼雷尔与他的非洲同胞们从欧洲殖民者手中赢回坦噶尼喀大陆的独立自主权时，他们期盼着这片土地能够回到殖民者到来以前的自然状态：一个建立在公平友爱的基础上，没有因财产私有化造成阶级差异的乌托邦式社会。尼雷尔在其文选《自由与统一》中曾说道：

> ……理想的社会建立在人类平等，各人类成员共享自由团结的基础之上。人们必须保证平等，因为只有在此基础上，人们才能合作无间。人们必须享有自由，因为除非社会为个体所有，否则个体就不能享受到社会的服务。人们必须保持团结，因为只有当社会团结起来时，社会成员才能在和平、安全和幸福的环境中生活、工作。[1]

为了实现传统非洲与现代非洲有机统一这一目标，独立后的坦噶尼喀（而后的坦桑尼亚）开始了轰轰烈烈的社会主义建设运动，主要通过建设"乌贾马"村社，推广"乌贾马"精神。[2]那么

---

① 卡布迪教授的观点据其所述，主要基于前德国驻坦桑尼亚大使施奈彭博士（Dr. Heinz Schneppen）的著作 *Why Tanzania Is Where It Is: Tanzania's Colonial Boundaries from the Berlin Conference 1884-1885 Until Its Independence* 展开，详情可见《坦桑尼亚国民报》（*Mwananchi*）的报道：https://www.mwananchi.co.tz/mw/habari/kitaifa/prof-kabudi-nyerere-ilikuwa-azaliwe-kenya-3816814。

到底什么是“乌贾马”精神？坦桑尼亚人民在这个过程中获得了什么？

“乌贾马”（Ujamaa）是一个斯瓦希里语抽象名词，它的词源是名词“家族”（jamaa），词缀“U-”表示这个名词是一种抽象的概念。因此在外界对“乌贾马”精神的解读中，人们常将其解释为“人人为我，我为人人”的宗族关系的延伸与扩展。例如，在1977年出版的《乌贾马：自上而下的社会主义》（*Ujamaa–Socialism from Above*）一书中，作者就直接指出：

> 乌贾马（Ujamaa）是一个斯瓦希里语词，指的是在非洲许多农村社区中普遍存在的传统亲属集体制。尽管各个社区内部的差异显著，但这种传统的集体制通常不会把集体生产当作核心内容。当坦桑尼亚总统尼雷尔第一次将他的坦桑尼亚社会主义意识形态与乌贾马概念联系起来时，它仍具有强烈的传统主义内涵。但随着多年的发展，乌贾马概念被转化为实际的政策，其传统主义内涵已经几近消失，现在乌贾马常被解读为当代坦桑尼亚社会主义意识形态和政策，主要强调的是国家控制或集体生产。[3]

从上文不难看出，事实上，虽然“乌贾马”精神在1967年才通过《阿鲁沙宣言》正式向世界宣布其存在，然而早在1962年，尼雷尔与坦噶尼喀非洲民族联盟（Tanganyika African National Union，以下简称“坦盟”）就已经决定要建设一个以“乌贾马”精神为核心的社会主义国家。[4]在坦盟1962年版宣传手册中，尼雷尔只是用英语对“乌贾马”精神做了大致解读，这就导致以斯瓦希里语为主要交际用语的大多数坦桑尼亚（彼时仍是坦噶尼喀）国民无法确切把握“乌贾马”精神的内涵，从而无法全身心投入到坦桑尼亚的社会主义建设工作中。因此，尼雷尔于1977年将自己过去15年间对“乌贾马”精神的阐释与思考整理成名为《乌贾马》（*Ujamaa*）的出版物，由东非牛津大学出版社负责出版发行。

在《乌贾马》一书中，尼雷尔通过九个相对独立的章节系统性阐释了“乌贾马”精神的内涵。从概念到具体实践手段，从宏观到微观，“乌贾马”精神终于以斯瓦希里语的表现形式完整地呈现在世人面前。事实上，尼雷尔本人认为，“乌贾马”精神本身就是非洲人对民主的理解与实践。尼雷尔在《乌贾马》一书中试图对国民阐明“乌贾马”精神可以使新生的坦桑尼亚走上独立自主、自力更生的社会主义道路，全体国民都可以为建设坦桑尼亚贡献自己的一份力量。

尽管“乌贾马”这一概念的提出和发展主要在20世纪60—70年代完成，但是在这段时间内，“乌贾马”精神的发展则需要分成三个不同的阶段进行阐释。这是因为，在这十年间，尼雷尔也在随着坦桑尼亚国家建设的脚步不断完善“乌贾马”精神的内涵。1962年他提出“乌贾马就像民主，是一种理念”（Ujamaa kama demokrasi, ni moyo）这一口号。1967年在《阿鲁沙宣言》中，尼雷尔将“乌贾马”精神的重要性上升为“乌贾马就是信仰”（Ujamaa ni imani）这一层级。[5] 1968年尼雷尔进一步阐述了自己为何要选择“乌贾马”作为新生的坦桑尼亚的执政意识形态，主要有以下两个重要原因：“乌贾马”精神强调了其本身及相关政策的非洲本土性；“乌贾马”的字面含义是“家族关系”，因此，国民可以很容易地将“乌贾马”精神理解为常见的家族内部的互动关系。[6]

从以上尼雷尔对“乌贾马”精神内涵的诠释不难看出，“乌贾马”精神的诞生是基于“家族”这一社会单元的国家意识形态建构。在《阿鲁沙宣言》中，尼雷尔将“乌贾马”精神及实践要点概括为以下四点：（1）消灭剥削；（2）生产资料归工农所有；

（3）建立民主制度;（4）以“乌贾马”为纲。以上四点既强调了新生的坦桑尼亚的社会主义属性，又强调了“乌贾马”精神的主导地位。换言之，外界将“乌贾马”精神理解为“尼雷尔主义”的内核并无大碍。

在“乌贾马”精神的鼓舞下，乌贾马社会主义理论的发展也变得水到渠成。1962—1984年，坦桑尼亚全境开始大力推动社会主义建设，在乌贾马理论的指导下进行了一系列实践探索。从时间上看具体可分为以下几个阶段：

1. 采取适合实际的温和的社会主义政策的阶段（1962—1967年）

2. 乌贾马社会主义运动全面展开阶段（1967—1973年）

3. 乌贾马社会主义运动冒进发展阶段（1973—1975年）

4. 乌贾马社会主义运动调整阶段（1975—1983年）

5. 乌贾马社会主义运动终止阶段（1983—1985年）

尽管坦桑尼亚的社会主义建设历经波折，但总体来看，以“乌贾马”精神为核心的社会主义探索在民生建设方面依然取得了令人欣慰的成就。全民普及义务教育、建设公共医疗卫生站等基于“乌贾马”精神，与民生息息相关的创举，时至今日依然惠泽坦桑尼亚人民群众。或许是出于对尼雷尔总统与乌贾马社会主义实践的认可，自1977年宪法确定以来，坦桑尼亚始终将“乌贾马”精神保留在宪法基本条款当中。[①]值得一提的是，坦桑尼亚宪法中

① 尽管1984年坦桑尼亚通过宪法修正案进行了部分改革，并且在1991—1992年、2011—2014年分别对深化宪法改革以及制定新宪法等议题展开讨论，但坦桑尼亚政府在综合考虑各项因素的基础上，仍将1977年宪法沿用至今。以“乌贾马”精神为执政基础的立场也一并保留下来。

关于“乌贾马”精神及其内涵的解释并没有强调社会主义意识形态的色彩，而是将其定义为一种“社会生活原则”（society's life principles），并且将“自力更生”上升为一种国家意志。无论“乌贾马”精神究竟是一种政治意识形态，还是外延更广的“社会生活原则”，人们都很难否认其根基的本土性。以尼雷尔本人为切入点，回到他的故乡布提亚马，以传记记录为线索讨论“乌贾马”精神与布提亚马之间的内在联系，对外界更深入地了解尼雷尔大有裨益。

## 二、尼雷尔的布提亚马之根

2006年1月，梵蒂冈代表团在坦桑尼亚的布提亚马村举行了一场弥撒，开始对朱利叶斯·坎巴拉吉·尼雷尔的生平进行评估，以便将他敕封为圣人。对于一个践行社会主义意识形态的国家领袖来说，这是一个不寻常的荣誉。[7]布提亚马这个坐落于坦桑尼亚北部的小小村落在塑造尼雷尔这个非凡的非洲领导人的过程中扮演了什么角色？这位扎纳基人在布提亚马的生活轨迹或许可以为人们提供一种全新的视角。

在讨论朱利叶斯·尼雷尔的布提亚马经历为他带来了什么影响之前，首先应对布提亚马这个坐落在坦桑尼亚北部维多利亚湖畔的美丽村庄有一个较为清晰的认识。事实上，布提亚马已经今非昔比，当年的湖畔小村庄已经扩大为坦桑尼亚马拉省（Mkoa wa Mara）的布提亚马郡（Wilaya ya Butiama）。生活在布提亚马的大多是与尼雷尔同部族的扎纳基人（Wazanaki），根据马拉省2012年人口普查数据显示，布提亚马居民人口总数约为19217人，[①]是一

① 该数据来源于坦桑尼亚国家统计局2012年人口普查报告。

个名副其实的湖边小城。然而尼雷尔出生时，此地只是一个普通的扎纳基村落。据称，扎纳基人自2000多年前就开始在维多利亚湖边定居。扎纳基人将维多利亚湖边的树林用以制造木炭及冶铁，某些家庭拥有守卫附近山丘顶部的神圣森林的荣誉。在扎纳基人中，某个受众人尊敬的人可以充当领袖。他一般负责与当地的长老沟通，协商村中的日常事务，并在雨季来临、牛群死亡或村庄受到攻击时决定采取何种应对措施。[8]尼雷尔的父亲尼雷尔·布里托（Nyerere Burito）就是这样一位扎纳基人领袖。

尽管布提亚马是一个坐落在湖边的小村庄，但彼时大多数扎纳基人都居住在周边的山丘上。整个扎纳基部落的大小事务并不只由一个领袖决定，而是围绕长老会展开。在扎纳基部族中，长老会成员数量并不固定，大多从各个家族的长者中选出。据称，长老们擅长演讲、辩论，在扎纳基人与东部马赛人（Wamasai）的交往中为其赢得了生存空间。长老会是扎纳基部族内部公有制的直接参与者。根据1995年维多利亚·斯托格–艾辛（Viktoria Stöger-Eising）在布提亚马对尼雷尔的采访显示，在扎纳基社区中，土地归集体所有，每一寸土地的具体作用与相关负责人则由长老会成员决定。这种制度深刻塑造了尼雷尔的观念，他在采访中对艾辛说："我不像你们欧洲人那样相信土地所有权；土地不能像你有一件T恤衫，或我有我的凉鞋那样被'拥有'，你只能拥有使用它的权利。"[9]相比较军事力量强大的马赛人来说，扎纳基人显得逊色许多，但是得益于他们优秀的口头辩论技巧，扎纳基人在当地依然保持了极高的自主性，并且保留了许多肥沃的农耕地。这种较为原始的集体公有制也对后来尼雷尔提出"社会主义公有制在非洲有其文化传统"的观点提供了事实支持。

德国殖民者抵达东非后，在坦噶尼喀地区建立了自己的殖民地。在严酷的殖民统治下，东非人民奋起反抗。南部地区的赫赫人（Wahehe）在姆克瓦瓦国王（Mfalme Mkwawa）的带领下开展了轰轰烈烈的马及马及起义（Vita vya Majimaji）。第一次世界大战期间，德国殖民者也将许多黑人送入欧洲战场。身处在波诡云谲的历史风暴中的扎纳基人却并没有受到太多影响，直到“一战”后英国从国际联盟手中接管了坦噶尼喀殖民地，开始着手对坦噶尼喀内陆及维多利亚湖地区深化殖民统治，扎纳基人才算正式进入现代世界的视野中。英国殖民者希望挑选一名正式的“酋长”管理该地区，因此传统扎纳基文化中的长老会制度就不再适用。综合各方面考量，包括尼雷尔·布里托在内的几位长者被英国殖民政府认定为当地酋长，作为殖民政府的代理人统管布提亚马。从此，布提亚马、扎纳基人、尼雷尔家族的命运被彻底改变了。

1922年4月，在坦噶尼喀万里之外的中国爆发了第一次直奉大战，强人张作霖败北。在连绵的炮火和动乱的时局中，孙中山先生即将下令北伐，历史的车轮正在滚滚向前。坦噶尼喀则与之不同，除了漫长雨季带来的湿气外，这片土地依旧宁静。1922年4月13日，尼雷尔·布里托酋长的第五位妻子产下一名略显瘦弱的婴孩。起初他们将这个瘦小的孩子起名为姆根迪（Mgendi），意为“走路的人”，但不知为何，这个孩子大哭不止，好像不喜欢这个名字一样。时值雨季，这位名叫姆伽亚·尼娅贡贝（Mugaya Nyang’ombe）的酋长夫人便以扎纳基传说中雨神坎巴拉吉的名字为自己的儿子命名，①改名之后，孩子就停止了哭泣。[10]雨神坎巴拉吉的名字不仅代表了父母对尼雷尔的期望与重视，似乎也暗示了他未来会如雨水为土地带来丰饶一般，为坦桑尼亚带来独立与复兴。与父亲布里托不同，幼年的尼雷尔似乎并不是一个柔和谦逊的人。他经常与自己的同伴布戈奇·姆苏古里（Bugozi

① 尼雷尔的名字坎巴拉吉（Kambarage）在扎纳基语中意为“带来雨水的神灵”。

Musuguli），以及来自其他家族的扎纳基孩子们一起在布提亚马及周边放牧，嬉戏打闹，甚至狩猎兔子、蜥蜴等小型动物。年龄稍长后，尼雷尔与同伴们一同接受扎纳基传统部族文化教育，通过参与社群活动完成了自己的成人仪式。① 尼雷尔成长在布提亚马的扎纳基部族中，在他的童年时期，来自扎纳基部族的社会文化熏陶、塑造着尼雷尔的世界观。

在进入欧式学校上学之前，尼雷尔一直平静地生活在故乡布提亚马，生活在自己的扎纳基人同胞中。或许正是扎纳基部族内部无酋长的制度塑造了被奥斯卡·鲍曼（Oscar Baumann）称为“纯粹的共和制政府”的扎纳基部族政治模式。[11] 多方共治的政治实践带来的不只是一种原始民主传统的延续，年幼的尼雷尔耳濡目染，在他早年的人生中打下公平、民主等价值观的基础，并在以后的人生道路中不断成长，成为一位以人为本，尊重各方利益，在职权范围内尽可能保证公平的无私领袖。

除此以外，尼雷尔早年在布提亚马生活时，父亲尼雷尔·布里托对他的言传身教也对尼雷尔影响颇深。尼雷尔·布里托是殖民政府认证的八位扎纳基酋长之一，他在位期间，扎纳基人内部围绕酋长职位发生过许多冲突。因为和大多数非洲部族不同，在19世纪后期德国殖民者到来之前，扎纳基从未有过酋长一职。德国殖民者管理德属东非地区时，在扎纳基部族内部指派了八名酋长。尼雷尔的父亲是布提亚马村的第二任酋长。根据尼雷尔的童年好友奥斯瓦尔德·马尔瓦（Oswald Marwa）② 的回忆，布里托酋

① 坦桑尼亚维多利亚湖东岸许多部族的孩子成长至9—12岁时，会被集中至某一营地参加成人礼。不同部族的仪式内容略有不同，一般需要儿童通过模仿、歌舞、狩猎等方式，学习如何遵守部族礼仪，如何与异性接触，如何在成人社会中发挥作用等。

② 奥斯瓦尔德·马尔瓦（Oswald Marwa）原名马贡贝·马尔瓦（Mang’ombe Marwa），奥斯瓦尔德是其皈依天主教以后的新名字。

长在采取任何行动前都是“缓慢而审慎的”；尼雷尔的兄弟，继任的扎纳基酋长爱德华·万扎吉（Edward Wanzagi）① 则对父亲布里托的公正严明赞颂有加。他称：“扎纳基的八个酋长是轮流主持部族法庭的，但是如果人们知道是别的酋长在主持，就不到法庭去。而如果他们知道是布里托在主持，那就会在法庭前面出现一条长队，因为他们知道从他那里会得到公正的审讯。”[12] 后人有理由相信，在这样的环境中，幼年的尼雷尔已经在布提亚马的扎纳基长老会传统与父亲的部族法庭实践中领会到日后在他身上显现出的两种重要的精神：人本主义与公平主义，这也是“乌贾马”精神的基石所在。

随着年岁增长加之外界环境的转变，尼雷尔在布提亚马度过童年以后便离开故乡，前往附近的穆索马（Musoma）镇上的姆维森盖小学读书。其间，他逐渐开始接受罗马天主教的传教，并且对学习新知识展现出极大的热情。短短三年时间，尼雷尔已经变成大湖地区最优秀的学生之一。此后他成功进入当地最好的中学——塔波拉男子中学继续学习。塔波拉男子中学是英国殖民政府效仿伊顿公学兴建的精英学校，在这里尼雷尔与来自坦桑尼亚各地的朋友一同学习、生活，并在毕业后前往乌干达马克雷雷学院（Makerere College，今马克雷雷大学）继续深造。大学毕业后尼雷尔又回到坦桑尼亚，在塔波拉的圣玛丽中学担任教师。而后，尼雷尔在理查德·沃尔什（Richard Walsh）神父的帮助下获得了一笔政府奖学金，前往苏格兰爱丁堡大学留学。尽管由于尼雷尔坚持将斯瓦希里语算作其第二外语，奖学金委员会推迟一年才通过其申请。1949年4月尼雷尔终于如愿进入爱丁堡大学，并

① 与尼雷尔一样，尼雷尔的兄弟旺布拉·万扎吉（Wambura Wanzagi）在皈依天主教后也将自己的名字更改为爱德华（Edward）。

且将自己的主修科目由生物学改为政治学。值得一提的是，根据保罗·比耶克（Paul Bjerk）的记载，尼雷尔在爱丁堡就读期间甚至选修了“中国农民史”（History of Chinese Peasantry）课程。[13]不过，对尼雷尔后续形成“乌贾马”理念影响最深的老师或许是为尼雷尔教授社会人类学课程的讲师拉尔夫·皮丁顿（Ralph Piddington）。尽管从表面上看，皮丁顿似乎不可能像尼雷尔的主修科目老师一样对他的政治思想有决定性的指导作用，但是根据托马斯·莫洛尼（Thomas Molony）记载，尼雷尔对并非自己专任导师的皮丁顿所教授的课程表现出强烈兴趣。皮丁顿的《社会人类学导论》（*An Introduction to Social Anthropology*）在1950年初刚出版时，尼雷尔就立即购买并仔细阅读。在尼雷尔关于“乌贾马”社会主义的设计中，也能看到许多皮丁顿这位人类学家对人类需求关系的思考。例如，皮丁顿曾于1950年在自己的书中强调，“人类总是共同满足彼此的需求”。18年后，尼雷尔在于1968年介绍“乌贾马”时强调，“非洲人认可‘参与彼此生活’”。[14]皮丁顿与尼雷尔对人类集体性的重视只是他们思想交汇的事例之一，这印证了一点：在爱丁堡求学期间，尼雷尔如同一块海绵，对所有可能帮助自己寻找到非洲未来道路的知识来者不拒，他并没有拘泥于所修科目，而是立足自身，跳出学科藩篱而放眼全球。

也许正是由于尼雷尔对世界各地、各民族的历史、政治、经济等领域的浓厚兴趣与孜孜不倦的求学态度，他才能在回到坦桑尼亚后从布提亚马出发，将传统的部族平均主义与来自欧洲的马克思主义相结合，提炼出“乌贾马”精神，发展出“乌贾马社会主义”。因为正如前文所言，“乌贾马”并不是简单的马克思主义的本地化或将扎纳基部族文化进行现代化改造后得到的产物，而是一种基于尼雷尔过往人生、学习经历积累而成的全新理念。

在爱丁堡大学取得学位并回国后，尼雷尔与自己的妻子玛丽亚从塔波拉搬到了达累斯萨拉姆近郊生活。他开始在距离达市不远的圣弗朗西斯中学任教。然而，随着尼雷尔越来越深入地参与到坦噶尼喀的独立解放运动中，他不得不重新开始思考自己究竟是要做一名普通的教师，还是要做一名政治家。怀揣着对未来的思考，1955年，尼雷尔辞去了圣弗朗西斯中学的教职，与妻子玛丽亚一起回到了故乡布提亚马，并在布提亚马将自己此前所学逐渐融合，"乌贾马"理念逐渐在布提亚马蕴酿成型。

事实上，早在马克雷雷学院求学期间，尼雷尔就对社会主义思想产生了浓厚的兴趣。在布提亚马的家中，他与曾帮助他申请奖学金到爱丁堡学习的理查德·沃尔什神父进行了多次交谈，探讨如何在一个不断变化的非洲社会中保持非洲人的传统性与本土性。有关社会主义与保留非洲本土性的思路决定了他对坦噶尼喀独立的态度：即新生的坦噶尼喀需要一种"国家伦理"（national ethic），用以在取得民族独立后引导国民思考政府政策以及作为一个新的国家公民的权利和责任。尼雷尔采用了彼得罗·伊托西·马雷勒酋长（Petro Itosi Marealle）[①]的术语"Ujamaa"，并将自己的种种思考融会贯通，慢慢将其扩展为自己的社会哲学。同时，尼雷尔也十分关注英属印度的独立斗争，他对甘地很感兴趣，在尼雷尔就读马克雷雷学院时期，他便持续关注甘地的非暴力斗争。尼雷尔还对卡尔·马克思赞誉有加，并在抵达乌干达的头一年就给《坦噶尼喀标准报》（*Tanganyika Standard*）写了一封信，赞同将社会主义作为东非经济基础的设想，坚持认为非洲人民是"天然的社会主义者"。1944年，尼雷尔借鉴了约翰·密尔的哲学思想，主张在非洲社会中为妇女提供更平等的地位，并巧妙地

① 彼得罗·伊托西·马雷勒酋长是乞力马扎罗地区最重要的查噶族酋长之一，同时也是一位在坦噶尼喀民族独立运动中贡献良多的查噶族领袖。

利用这一逻辑为非洲人在殖民社会中获得更平等的地位提供了依据。[15]总而言之，在故乡布提亚马短暂隐居的过程中，尼雷尔将非洲农村习俗、功利主义哲学和此前接触到的社会主义的各个方面结合起来，形成了独特的“乌贾马主义”，即人们熟知的“乌贾马社会主义”理论。随后，尼雷尔带着他的“乌贾马主义”南下，投身于轰轰烈烈的非洲民族独立运动中去。

时光荏苒，当民族独立和“乌贾马”运动的喧嚣成为一种历史遗绪，民主化运动在20世纪80年代席卷全球，坦桑尼亚也在这一时期迎来了政治体制改革。1990年完成政治体制改革的重任后，尼雷尔宣布卸任坦桑尼亚革命党（Chama Cha Mapinduzi，CCM）党主席职位，这标志着尼雷尔完全从坦桑尼亚政府系统中退休，回归普通坦桑尼亚公民身份。退休后的尼雷尔以公民的形象出现在大众视野中，他依然同往常一样定期出席天主教的周日聚礼，并且在教堂中以公民的身份发表演讲，向外界传达自己对坦桑尼亚社会的观察与思考。

人们也发现，尼雷尔将更多的时间留给了自己的故乡布提亚马。尽管他一直坚称自己只是一名普通的公民，并且开始在布提亚马的家中务农，①然而无论是在当局还是在民众眼中，尼雷尔依然是大家的“导师”（Mwalimu）。来自坦桑尼亚境内与国外的记者、政客频繁造访布提亚马，聆听导师尼雷尔对坦桑尼亚政治的研判，尼雷尔也从不吝惜自己的智慧与经验。无论是取消“乌贾马”农村合作社，还是对剑麻产业的国有化；无论是他自己对坦桑尼亚中央计划经济的反思，还是他对未来实行资本主义经济制

① 笔者2017年随北京大学外国语学院赵白生教授团队在达累斯萨拉姆对尼雷尔的遗孀玛丽亚进行访谈时，玛丽亚提到，此时尼雷尔本人从事农业活动的另一个原因是，退休后他坚持只领取一定金额的退休金，因此需要通过农业生产贴补家用。玛丽亚本人也通过经营养鸡场等方式，凭劳动赚取生活费。

度的看法，尼雷尔都以一种坦荡、知无不言的态度与外界分享他自己的思考。不管在何时，他始终表示自己对《阿鲁沙宣言》以及“乌贾马”精神的信念从未动摇。[16]

退休后的尼雷尔留在达累斯萨拉姆的时间逐渐减少，在布提亚马的时间则相应增多。离开了坦桑尼亚的权力中心后，他在故乡继续为国家、为非洲贡献着自己的智慧，致力于国际和平建设和国内道德建设。尼雷尔的做法一定程度上弥补了坦桑尼亚新自由主义改革后由于贫富差距扩大所造成的社会裂痕，在这一过程中，他成为坦桑尼亚的道德政治符号。[17]访客们络绎不绝地涌入布提亚马，然而尼雷尔却从未动用自己的影响力为家人谋求任何物质上的改善，他们一直居住在父亲布里托留下的老宅中。直到尼雷尔去世前一年，他才在坦桑尼亚军方的强烈要求下，同意在老宅旁边另盖一幢房子以改善家人的生活环境。尼雷尔以一种严谨、克制的态度，在布提亚马完美地履行了一个坦桑尼亚公民的责任。

虽然总体来看，公民尼雷尔的退休生活称得上“刀枪入库，马放南山”。但是，尼雷尔在布提亚马的生活也不尽是田园与牧歌，更多的则是对处于政治转型中的坦桑尼亚进行监督与护航。在摆脱了行政职务的束缚，回到故乡之后，尼雷尔变得更愿意质疑自己过去的政策，并为坦桑尼亚政治的未来提出新的设想。在政治转型过程中，坦桑尼亚社会物议沸腾，尼雷尔成为众多声音中的一个。来自布提亚马的“纯粹的共和制政府”传统似乎再一次帮助这位老人打开了自己的心门。他超越了“乌贾马”主义的政治限制，转而以“乌贾马”精神为引导，开始为坦桑尼亚人民寻求前进的新方向，继续充当坦桑尼亚政治民主化改革道路上的“导师”。尼雷尔与时任大法官弗朗西斯·尼亚拉里（Francis Nyalali）之间关于坦桑尼亚政治改革的几次重要讨论就发生在这一时期。

在进行政治体制改革前，尼雷尔的继任者，阿里·哈桑·姆维尼（Ali Hassan Mwinyi）总统指派大法官尼亚拉里组建委员会，以收集公众对新政府的建议和看法，为接下来的改革提供指导意见。然而在对超过3万人进行访谈后，大多数人都向委员会表示，自己更喜欢目前的一党制政府。民众担心政治竞争会升级成种族或宗教冲突，或是担心公开质疑坦桑尼亚革命党的统治地位只会导致与地方党员官员的纠纷。尽管如此，委员会还是建议修改宪法，废除一党制，允许其他政党的存在，并规定新的政党只有能够显示出全国性的支持基础，并且不是特定民族或宗教利益的载体才能注册。尼雷尔正是这一建议的推动者。他向姆维尼总统和尼亚拉里委员会表示："我们不能继续做一个孤岛。我们必须主导我们自己的改变——而不是等着被推动。"[18]

当政治改革的方向出现偏差时，尼雷尔也会充分发挥自己作为一名普通布提亚马公民参政议政的权利，坚决地指出委员会的问题。尼亚拉里委员会在改革的过程中，还建议将坦桑尼亚联合共和国改为"三政府"联邦，由坦噶尼喀大陆和桑给巴尔的政府以及一个总的联邦政府组成。重组建议部分源于对桑给巴尔自治的持续要求，这可以追溯到1964年的革命和联合。但这也是公众对20世纪80年代以来10年改革的反应。修改政府结构似乎是消除岛屿和大陆之间关系模糊不清的一个合理步骤。

可是，远在布提亚马的尼雷尔极力反对组建三个政府的建议。他认为没有证据表明这种变化会对政治现状有任何改善。他说，三个政府结构是一种内耗，这种制度会给纳税人带来更大的负担，并导致已经伴随了一代人的坦噶尼喀非洲民族联盟解体。他认为，坦噶尼喀和桑给巴尔都是殖民主义的产物，作为独立政体存在的时间很短，而坦桑尼亚才是人民实现非洲民族独立和泛非主义理想的真正产物。[19]

从以上事例中不难看出，在布提亚马期间，尼雷尔一方面脱离了原有的党派与行政束缚，回归到了公民身份，对坦桑尼亚的未来进行了深刻的思考，在抛弃党派成见的前提下，以坦桑尼亚人民的实际需要与坦桑尼亚国家未来的命运为出发点，起到了稳定姆维尼政府改革的作用。另一方面，他始终扎根基层，将自己的知识与智慧尽可能直接地与民众分享。1999年1月，在一个炎热的下午，尼雷尔在伊林加（Iringa）的乡下发表了生前最后一次公开演讲。那天他正在出席姆克瓦瓦（Mkwawa）酋长纪念碑的落成典礼，姆克瓦瓦酋长在一百多年前曾率领赫赫族人英勇抵抗过德国殖民者的侵略。除了几个地区政府官员外，这场演讲没有其他政要出席。听众只有包括当地村民、城镇居民、学生和从远处的家园游荡而来的马赛牧民在内的普通坦桑尼亚人民。尼雷尔在演讲中谈到了坦桑尼亚的教育问题，他说姆克瓦瓦时代，非洲人民的武器只有长矛，它们无法与更新的技术相比。现代社会中真正的武器是知识。[20]尼雷尔一生中做了无数演讲，在生命的最后时刻，他以一个公民，以一个教师的身份，对自己的国民进行了最朴实，同时也是最深刻的一场演说。

不久之后，尼雷尔在英国去世。最终，这位坦桑尼亚公民如自己所愿葬于故乡布提亚马，安葬地距离出生地仅10米远。许多年后，尼雷尔在布提亚马的墓园变成了当地的旅游景点，人们在墓园旁修建了一座矮矮的尼雷尔纪念博物馆。经过修缮的墓园保持着尼雷尔一贯低调、朴实的风格，浅黄色的墓室外墙上贴满石砖，装有随处可见的普通铝合金门窗，好像这只是一座平平无奇的民居，墓室上方用油彩简单写着："Baba wa Taifa"（国父）。这位生于布提亚马的扎纳基人走过传奇一生后，终于叶落归根，在宁静的故乡长眠。

## 三、“乌贾马”精神的本土内核

回顾尼雷尔的一生，人们必定会对“乌贾马”精神展开诸多讨论。它不仅是尼雷尔在坦桑尼亚民族独立实践中产生的宝贵经验，同时也是一种具有非洲本土文化元素，脱胎于坦桑尼亚内部的群众智慧。或者说尼雷尔从坦桑尼亚人实现自我发展的需求与尝试中提炼出了“乌贾马”精神。从其内涵中人们不难看出，尼雷尔早年在布提亚马的扎纳基部族社会中学到的生活经验与其“乌贾马”理念的产生有着千丝万缕的关系。尼雷尔希望遵循“乌贾马”精神建立起来的理想型社会，具有许多扎纳基部族以及其他东非传统部族共有的特点。无论是“独立自主、自力更生”原则，还是“村庄集体化生产”，都可以在传统非洲部族社会结构中找到相应的原型。尼雷尔曾在《人类与发展》（*Binadamu na Maendeleo*）一书说：

> 乌贾马村社是一种新的构思，它的基础在于我们意识到在《阿鲁沙宣言》提出以后，我们真正需要发展的是人而不是物质；而人是可以实现自我发展的。事实上这项政策是从我们已经犯过的错误里吸取教训的结果，少数开始推行乌贾马政策的村子已经取得成功，并且在以另一种路径不断发展。[21]

从尼雷尔对乌贾马村社的描述中可以看出，乌贾马并不是一个一蹴而就的概念，而是他在对过去的非洲部族生产生活经验进行总结以后，结合马克思主义发展出的新的理论体系。这种“自我发展”从内核上看，与尼雷尔人生历程早期所处的本土文化社会环境相关。与此同时，尼雷尔也一直在对国民强调“乌贾马”

精神必须建立在以人为本的基础上，即人在发展的过程中的主体性理应得到彰显。正如前文中提到，扎纳基部落中的大小事务并不是由酋长一人决定，而是由代表各个家族的长老会商议决定。酋长实际上充当了“联络员”的角色。而每个家族推选出的长老，则需要为自己的家族争取利益，需要集中大家的意见。在这样一种社群政治生态中，个体的声音可以被听见、被尊重；在部族事务的决策过程中，“具体的人”的个人意志可以经由长老之口传达给决策层。这种尊重不同声音以求寻得共识的社群政治逻辑使成长于此的尼雷尔从小就养成了尊重个体、崇尚平等的品格。这种人本主义的传统也影响了尼雷尔对独立后的坦桑尼亚社会族群政治的思考。他曾在一篇名为“乌贾马不是歧视”（*Ujamaa si Ubaguzi*）的文章中写道：

> 有一件事非常确定，那就是坦桑尼亚的乌贾马社会主义将由坦桑尼亚人自己实现。我们会坚持不懈地努力，到那时政府中所有工作人员都会是坦桑尼亚人，虽然并不是所有人都是黑人。……（阿鲁沙）宣言说，世界上所有支持农民和工人权益的人都是我们的朋友。[22]

“乌贾马社会主义将由坦桑尼亚人自己实现”，这不仅仅是一种民族主义叙事，究其本源，与尼雷尔的身上的布提亚马印记密不可分。因为尼雷尔相信，为了实现坦桑尼亚的发展，坦桑尼亚人一方面需要超越部族藩篱，构建“坦桑尼亚人”共同体意识；另一方面，实现坦桑尼亚发展仍需汲取而非抛弃部族文化的公平、民主传统，即在非洲本土社会结构的基础上实现“自我发展”。在《阿鲁沙宣言》中，“独立自主、自力更生”是尼雷尔对坦桑尼亚人民的期望，也是“乌贾马社会”的基本原则。扎纳基部族内部自给自足的生产模式使人有理由相信，这一原则的提出与尼雷尔的故乡生活具有某种内在联系，而社会主义理念则变成一种提炼本土经验的外部路径。与此同时，尼雷尔对“乌贾马”精神的诠释也带有鲜明的非洲本土色彩。他在《自由与团结》（*Freedom and Unity*）一书中曾说：

> 社会单元中的每个成员都有义务贡献一些要分享出去的东西，换句话说，家庭中的每个成员都应去工作并接受这一责任。[23]

尼雷尔对于个体与群体之间的社会关系的理解建立在一种对非洲传统的延伸上。作为个体的人，一方面享有社群带来的各项收益，另一方面又必须严格地履行自己的义务。前文提到，在扎纳基部族中，土地资源为部族共有，家族中的每一位成员都需要按照长老的安排在田间地头劳作，所有劳动收益最后又均分给每一位家族成员。在尼雷尔对“乌贾马社会”的描述中，人们依然能明确捕捉到尼雷尔对这种社会经济关系的支持。他不仅解释了在坦桑尼亚建设“乌贾马社会”的过程中，人们应该如何处理国民与国家之间的关系，同时也发扬了非洲传统社会结构中那些有利于国民经济建设的社会原则。如此看来，“本土性”在“乌贾马”建设过程中的地位需要进一步阐发。尼雷尔本人在“乌贾马”精神提出伊始即点明了它的非洲底色：

> 在传统非洲村落中，每个人都是劳动者。除此以外没有其他在村中生活的途径。甚至那些村子里看上去无忧无虑，不用做工，只需要享受劳动果实的老人，他们年轻的时候也必须工作。他现在享受的财富并不属于他个人，只是因为他

是村中的长者才分配给他，那个村子里的其他国民才是这些财富的创造者。[24]

综合来看，“乌贾马”精神强调“独立自主、自力更生”，强调财富的再分配等特点，均表明它的起源与非洲社会过去常见的部族平均主义关系密切，这是不争的事实。但是，尼雷尔将这种来自非洲本土的元素与社会主义意识形态有机结合在一起，最终发展出“乌贾马”精神，并以此为基础主导了乌贾马社会主义实践。实现非洲人民自己主导社会变革这一创举，无疑值得后世的纪念与肯定。从“乌贾马”精神的本土内核来看，非洲人民有能力也有决心从本土文化中汲取力量，建设家园。这样的有益尝试应当被后人铭记并继承下去。

## 四、结语

贺知章有诗云：“少小离家老大回，乡音无改鬓毛衰。”无论是在文学作品还是在科学研究中，故乡对人类精神世界的深刻影响已经有无数例证。在扎纳基少年尼雷尔成长为导师尼雷尔的过程中，他受到了来自扎纳基部落文化、天主教文明、左翼思潮以及新自由主义等不同文化思想的影响。如何取其精华、博采众长，尼雷尔选择以非洲传统文化为底色，在传统部族平均主义的基础上发展出属于非洲人民的“乌贾马”精神，这种选择不仅来源于其民族主义知识分子的身份，也与其在故乡布提亚马的人生经历紧密相关。尽管经历过两次大的修宪讨论，时至今日，坦桑尼亚依然在沿用1977年宪法，“乌贾马”精神始终被保留在宪法基本条款中，作为坦桑尼亚政府的执政基础，受到全体坦桑尼亚人的承认与实践。自提出至今，“乌贾马”精神受到了来自坦桑尼亚国内外的质疑与挑战。因此，对“乌贾马”精神的继承与发扬正是坦桑尼亚人民应对全球化的实际选择。这种选择从根本上来说，离不开导师尼雷尔坚持以非洲文化为内核建构“乌贾马”理论，这种对非洲本土文化的坚持影响了往后的坦桑尼亚领导人。无论是已故的第五任总统约翰·马古富力（John Pombe Joseph Magufuli）还是其继任者萨米娅·苏卢胡·哈桑（Samia Suluhu Hassan），都在外交与施政过程中不断强调坦桑尼亚的本土文化特点与政治主体性。外界在研究坦桑尼亚、研究尼雷尔时，更应着眼于尼雷尔职业生涯中的非洲本土性表达，尊重包括尼雷尔在内的非洲知识分子通过发展非洲文化来确立其主体性的尝试。这样才能更好地避免人们在后殖民主义与新自由主义理论主导下对坦桑尼亚、尼雷尔进行研究的过程中，因缺乏本土视角而忽视其“非洲主体性”。

**引用文献：**

1. Julius K. Nyerere, *Freedom and Unity* (Dar es Salaam: Oxford University Press, 1966), p. 8.

2. Amrit Wilson. *Tishio la Ukombozi: Ubeberu na Mapinduzi Zanzibar* (Cantley: Daraja Press, 2016), p. 2.

3. Jannik Boesen, Birgit Storgard Madsen, Tony Moody, *Ujamaa–Socialism from above* (Uppsala: Uppsala Offset Center AB, 1977), p. 11.

4. Julius K. Nyerere, *Ujamaa* (Dar es Salaam: Oxford University Press, 1977), p. 1.

5. Ibid.

6. Julius K. Nyerere, *Freedom and Socialism* (Dar es Salaam: Oxford University Press, 1968), p. 9.

7. Paul Bjerk, *Julius Nyerere* (Athens: Ohio University Press, 2017), p. 9.

8. Ibid., p. 23.

9. Viktoria Stöger-Eising, "'Ujamaa' Revisited: Indigenous and European Influences in Nyerere's Social and Political Thought," *Africa: Journal of the International African Institute* 70. 1 (2000): 121.

10. Saida Yahya-Othman, Issa G. Shivji and Ng'wanza Kamata, *Development as Rebellion: A Biography of Julius Nyerere, Book One: The Making of a Philosopher Ruler* (Dar es Salaam: Mkuki na Nyota Publishers Ltd., 2020), p. 4.

11. Viktoria Stöger-Eising, "'Ujamaa' Revisited: Indigenous and European Influences in Nyerere's Social and Political Thought," *Africa: Journal of the International African Institute* 70. 1 (2000): 121.

12. 威廉·埃杰特·史密斯:《尼雷尔》,上海《国际问题资料》编辑组编译,上海人民出版社,1975,第5页。

13. Paul Bjerk, *Julius Nyerere* (Athens: Ohio University Press, 2017), p. 36.

14. Thomas Molony, *Nyerere: The Early Years* (Suffolk: James Currey, 2014), p. 164.

15. Paul Bjerk, *Julius Nyerere* (Athens: Ohio University Press, 2017), p. 33.

16. Ibid., p. 129.

17. Marie-Aude Fouéré, "Julius Nyerere, Ujamaa, and Political Morality in Contemporary Tanzania," *African Studies Review* 57. 1 (2014): 6.

18. Dean E. McHenry, *Limited Choices: The Political Struggle for Socialism in Tanzania* (Boulder: Lynne Rienner Pub, 1994), p. 64.

19. Paul Bjerk, *Julius Nyerere* (Athens: Ohio University Press, 2017), p. 133.

20. Ibid., p. 144.

21. Julius K. Nyerere, *Binadamu na Maendeleo* (Dar es Salaam: Oxford University Press, 1974), p. 39.

22. Julius K. Nyerere, *Ujamaa* (Dar es Salaam: Oxford University Press,

1977), p. 40.

23. Julius K. Nyerere, *Freedom and Unity* (Dar es Salaam: Oxford University Press, 1966), p. 11.

24. Ibid., p. 4.

# 第二章　尼雷尔与马克雷雷

陈俐利*

## 一、引言

马克雷雷大学素有“非洲高等教育皇冠上的宝石”（Makerere, a jewel in the African higher education throne）之称。[1]该校是培养政、商、学等各界名人的摇篮：坦桑尼亚国父尼雷尔（Julius Kambarage Nyerere），肯尼亚作家恩古吉（Ngugi wa Thiong'o），联合国大会主席、乌干达前外交部长库泰萨（Sam Kutesa）等都曾在此求学。因此，宝石美誉，当之无愧。

但从时间轴上看，马克雷雷大学（University of Makerere）并非从一开始就致力于精英教育。恰恰相反，它有着非常接地气的起点。1922年建校之初，位于乌干达首都坎帕拉的马克雷雷只是一所简陋（humble）的技工学校，首批学生仅有14人，只提供三种技能培训：木工、建筑、机械。1923年在时任乌干达总督阿切尔（Geoffrey Francis Archer）主持下，学校才建设了第一栋学院大楼。后来，招生专业扩展至医护、建筑、兽医学、教师培训等，但仍未跳出技工培训的范畴。1935年开始，该校逐渐从技术性培

* 陈俐利，北京大学外国语学院博士生，研究方向为传记文学、美国移民文学。

训学校扩展成东非地区高等教育中心。这种职能定位的转变，部分是因为马克雷雷大学和非洲以外的高校形成了合作关系。马克雷雷校委成员们自1938年便议论商讨如何建立高等学校，“这终于在1949年有了实质性结果。那年，马克雷雷成了伦敦大学的附属学院”。[2]也就是说，乌干达国外乃至非洲大陆之外的资源，提升了马克雷雷学院的教育职能。与此同时，学校内部也采用英国大学的模式进行管理，“20世纪30年代，马克雷雷学院开始了建设完整大学（full university）的过程，效仿英国大学的模式，专注于高等教育（post-secondary education），目的是教育一小部分精英成为独立后的领导人”。[3]另一篇文章也指出，“在马克雷雷，除了学生以外，几乎每一样东西都要从英国进口，包括生物课的样本”。[4]由此可知，影响马克雷雷的力量，不局限于非洲一国或非洲大陆本土。它不仅是一所学校，更是欧洲在非洲的一块“飞地”。

20世纪40年代初期的马克雷雷学院深受非洲以外世界大潮的影响。当时正是第二次世界大战时期，校内许多工作人员应征入伍，[5]现有资源无力应对原本的校园扩张计划。与此同时，民族主义萌芽导致了校内示威游行频繁发生。这种时代背景正是尼雷尔在马克雷雷的求学环境，1942—1945年，他带着全额奖学金入学。班上共有18名同学，他和阿克拉（Rwot Ananiya Akera）是室友，居住在恩苏布加舍堂（Nsubuga Hall）小隔间里。这栋楼后来成为成人继续教育机构远程教育系的办公楼。[6]

尼雷尔在马克雷雷经历了人生的重要转折。首先，马克雷雷弥补了尼雷尔在基础教育方面的“先天不足”。他很晚才接受正规教育，12岁到离家25英里外的穆索马（Musoma）城，在德国人创办的姆维森盖（Mwisenge）学校上学，自述所学不多。[7] 14岁，他到坦噶尼喀第二大城市塔波拉（Tabora）就读于塔波拉学校。这所由英国人创办的、将殖民与传教相结合的基础教育机构，虽有“坦噶尼喀伊顿公学”（Tanganyika’s Eton）之称，但在通识教育方面仍有缺陷。彼时的马克雷雷学院，是东非地区唯一一所提供完整基础教育的机构。[8]这是尼雷尔的祖国坦噶尼喀所未能提供的，也是尼雷尔在20岁以前接触不到的。其次，贯穿尼雷尔一生的两个重要身份——政治家和教育家，在马克雷雷时期开始萌芽。尼雷尔在该校就读的是教育专业，他接受的教师培训、获得的教师文凭，是他首个职业身份的起点；尼雷尔的政治哲学启蒙与政治实践亦得益于马克雷雷独特的校园环境。尼雷尔被广为承认和称颂的两个身份——政治家和教育家，都起源并受益于马克雷雷学院。

## 二、马克雷雷：政治家身份的源头

马克雷雷学院是尼雷尔接受政治启蒙之地。正是在这关键的几年里，尼雷尔获得政治哲学启蒙，初尝参政实践滋味，这一兴趣开始萌芽、被滋养和鼓励，逐渐发展成为主导未来职业方向的力量。因为在进入马克雷雷之前，尼雷尔连完整、系统的通识教育尚没有条件接触；从马克雷雷毕业以后，他已经有意识地在政治哲学方面进行自我探索，并且在政治辩论中作出有价值的判断。[9]来到马克雷雷之前，他未曾接触过政治实践；从该校毕业之后，他已成为坦盟领导。这充分表明马克雷雷在尼雷尔的政治启蒙过程中扮演了从无到有的重要角色。这也在传记《两位非洲政治家》（*Two African Statesmen*）中得到印证：“朱利叶斯带着成为一名教师的目的申请了马克雷雷，他获得了入学资格。但正是在马克雷雷，我们开始察觉到，主导他未来生活的，是他在这里逐渐发展起来的政治思想。”[10]也就是说，尼雷尔从立志为师，到兴趣转“政”，这种变化恰好发生在马克雷雷。

首先，尼雷尔在马克雷雷获得政治锻炼机会：他担任了学生领袖，创立了重要社团。这两件始于马克雷雷的事情不仅锻炼了尼雷尔的才能，对坦噶尼喀民族独立进程也有着深远的影响。

尼雷尔在马克雷雷之前的学生干部经验未能算作有效的政治实践。此前，他的确担任过学生干部职务，那是因为尼雷尔对体制提出反抗，从而被官方安抚收编，算不得参政锻炼。在塔波拉求学时期，尼雷尔目睹室友被班长体罚，提出反对意见，因此和班长、校长、这套体制产生了隔阂。史密斯（William Edgett Smith）的《尼雷尔》（*Nyerere*）中记录了这段公案："尼雷尔自认为在塔波拉的六年里是一个反抗者……他确实是一个革新家。他对给予班长特权一事深为不满……'我从此和班长有了疙瘩。他们决定，让我归顺①的唯一方法是使我也当班长。但我从未当过班长。教师们推荐我，但被校长否决。他觉得我的心肠太软，不能胜任这个工作'。"[11]无论是班长行使职权，还是校长选任干部，对学生干部的要求都指向同一标准：要心肠够硬。干部要规训学生而非为学生服务，这是殖民当局的管理模式在校园内的投射。尼雷尔与这套制度互不认可，因此他没有担任学生干部的机会。即使后来他担任了维持纪律的学长（prefect），也是因为作为学生的他不认可学长们就餐时自坐高桌，粗暴地对待同学，所以当局将他增选为低年级学长，"也许是为了让他闭嘴"，[12]而并非对他的认可。这种单纯作为殖民学校代理人而存在的学生干部，背后的意识形态和塔波拉的建校宗旨一致：出于为殖民地培养工作人员的目的，"学校的主要课程在于如何收税和如何惩罚不服从的人"。[13]这种殖民者的傀儡式的管理与被赋予自治权或涉及政治哲学的学生干部经验相距甚远，不能被看作有效的参政实践。

① 原译文是"让我摆脱困境的唯一方法"，详见威廉·埃杰特·史密斯:《尼雷尔》，上海《国际问题资料》编辑组译，上海人民出版社，1975，第62页。原译文不够准确，故改为"归顺"。

马克雷雷独特的校园环境是尼雷尔小试牛刀的关键。这时的校内环境和尼雷尔从前经历过的都不相同：学生干部一方面拥有自治权；另一方面必须处理黑人学生和白人教员之间的种族矛盾。这种校园氛围，从回顾性视角来看，是坦噶尼喀从被殖民走向独立的政治环境的缩影。这种校园环境有益于培养尼雷尔作为政治家的跨文化素养。他得以接触具有不同文化背景的人群，在他们之间协调矛盾是学生干部尼雷尔的日常工作。尽管关于尼雷尔在马克雷雷直接参加政治活动的记录比较少，[14]但我们能以现有的分散材料还原彼时的全貌。

尼雷尔在马克雷雷的具体职务是学生宿舍负责人（in the leadership of the Student House），同时是宿舍委员会主席（chaired the House Committee）。这个看似不起眼的职位，“对他的领导才能锻炼很大”。[15]这是因为，和其他英属殖民地大学一样，马克雷雷的学生宿舍在很多时候具有决定自身事务的权力，是很重要的机构。这些自治权包括：男生自主裁决宿舍接待访客权；学生对首次校园舞会拥有监督管辖权。甚至因赋予学生以上自治权一事，马克雷雷被批评缺乏权威和没有责任感。[16]虽然各版本传记中没有具体记录尼雷尔在宿舍委员会主席任期内的负责事项，以及这对尼雷尔未来的影响，但有学者指出这种自治权对于殖民地学生的意义：“殖民晚期和后独立时期的马克雷雷提供了一个智力和政治的交易区（trading zone）。在这个地方，学生和工作人员都能利用机构赋予的自治权来质疑和辩论非洲大学的目的，从而在殖民统治内部挑战种族文化的等级。”[17]

除了善用自治权，作为非洲学生干部的尼雷尔，在马克雷雷还必须处理黑人与白人种族之间、师生之间的日常矛盾。马克雷雷大部分学生是黑人，而教授、行政人员大部分由白人构成，欧洲教员和非洲学生之间的矛盾被广泛记录在各个文本中。上课时，教员们对非洲学生有限的英语能力表示出轻蔑和鄙夷，校园内有些进出通道不允许非洲学生使用。[18] 20世纪50年代马克雷雷爆发的学生反抗食物大游行，本质上是种族矛盾、师生危机的投射。为了缓和这种关系，当局的处理办法是让白人教员担任宿舍管理员。下面这段文字非常准确地描绘了白人教师与黑人学生之间表面相安无事，实际暗流涌动的关系：

> 我们被迫和并不喜欢的人创造聊天话题；当他们和我们谈起话来时我们被迫点头，（实际上）我们恨不得把他们炸上月球；我们被迫邀请这些人来我们的房间，虽然对他们本人并无兴趣。这一夜晚平静地过去，因为我们无时无刻不在克制着谋杀彼此的念头。一旦“晚安”被说出口，我们就放松下来了，“噢，这些欧洲人，他们真是令人生气”；他们回敬道，“噢，这些非洲人，他们真恶心。他们径直而来大吐苦水，令人尴尬”。[19]

这类事件虽然发生在20世纪50年代以后，但它反映的种族矛盾其实自建校之日就已产生。可以推测，作为学生干部、拥有特定自治权的尼雷尔，势必要处理这种校园内部的种族对立。也正是在这种校内环境下，尼雷尔和朋友姆瓦帕丘（Hamza Mwapachu）创建了坦噶尼喀非洲人福利协会（Tanganyika African Welfare Association）。

马克雷雷的坦福协会，无论是对尼雷尔个人还是对于坦噶尼喀独立而言都影响深远。虽然没有直接证据表明，尼雷尔创建该协会是为了团结坦噶民族的在校黑人以形成对抗力量，但是也很难在该社团的建立过程中剥离种族矛盾的大环境因素。后来坦噶尼喀非洲人福利协会被合并，因为尼雷尔意识到全国范围内已有类似组织——坦噶尼喀非洲人协会（Tanganyika African Association）存在，于是将学校的新创团体转变为全国组织的分会并成为负责人。如果说，在加入坦协之前，尼雷尔只是一个喜欢阅读政治哲学书籍，有时参与校园管理工作的学生，那么参与坦协之后，他对政治的兴趣，从书本延伸到了当时国内的政治局面。史密斯撰写的《尼雷尔》也确认了这一点："通过非洲人协会，尼雷尔开始对坦噶尼喀的政治发生了兴趣。"[20]在后来的1954年，尼雷尔在全国范围内将这一松散的协会组织改造成政治党派。它一路迅猛发展，成为坦桑尼亚国内第一大执政党，直接促成坦噶尼喀的独立进程。可以说，在种族矛盾重重的校园氛围创建的坦协分支，赋予了尼雷尔走向全国性社团的机会，让他走出校园，参与真正的政治。"正是在坦盟，尼雷尔获得了他最重要的实际经验。"[21]而正是因为马克雷雷，尼雷尔才有机会创建坦福，并入坦协，将坦协改造成坦盟。

其次，尼雷尔还在马克雷雷获得政治思想的启蒙。这除去师资和当时特殊的二战政治环境，最重要是因为马克雷雷拥有自由表达的校园传统。自1945年以来，一些敏感的政治话题，例如种族、等级，就被公开表达，[22]成为最热门的话题。这一校园传统一直延续到20世纪40年代以后：乌干达独立后，马克雷雷大学学生创建了校园杂志，鼓励"不同意文化"；即使是20世纪70年代，对独裁者阿明（Idi Amin）的反对意见也可以在校园低声表达。因此，在尼雷尔就读马克雷雷的20世纪40年代，关于反殖民、民族独立的学生辩论完全是合法的。"马克雷雷成为智性辩论、文化交流和社会批判的有影响力的平台。"[23]这种政治氛围固然通过内化作用于尼雷尔，但是，尼雷尔真正感兴趣的是政治哲学，而非简单的反抗意识。因为无论是传记作家，还是尼雷尔本人，都就此进行过表述。在《尼雷尔》一书中，尼雷尔自道："（在马克雷雷）

我的真正兴趣恰恰不在政治方面，而是概念、思维等哲学课题。”[24]可见，尼雷尔更喜欢深入探索政治哲学和思想概念，而不是仅仅去空喊口号，或者激情反抗。《两位非洲政治家》一书里也写道，“尼雷尔喜欢深入的而不是表面肤浅的政治意识”。[25]从“深入”和“肤浅”两个相对立的词可以看出，尼雷尔感兴趣的不仅仅是一种意识上的觉醒，而是现象背后的思想体系。

那么，尼雷尔主要以何种方式深究政治哲学呢？结合上文提到的“深入”一词，可以推断出，这一方式既有输入，亦有输出，应该包括听、读、写三个方面。这和他一直以来的行为模式相契合，因为早在塔波拉时期，他就是个不爱运动、埋头看书的学生。这一习惯延续到马克雷雷时期：“尼雷尔他本人并不是学生中最积极的政治家，他更多的是一个学习者而不是一个布道者，从阅读和倾听中整理自己的政治哲学。”[26]此处的“听”，指的主要是听辩论赛。这一习惯无论是在马克雷雷时期，回塔波拉任教时期，还是在爱丁堡留学时期都有体现。在马克雷雷，为了获得更多的政治意见，尼雷尔参与创建了辩论社团，尽管他很少参与辩论；在爱丁堡留学时期，几个著名的辩论场合，例如由博齐奥（Kojo Botsio）或著名人类学家利特尔博士（Dr. Kenneth Little）组织的，殖民地学生探讨殖民统治之根的辩论场合，尼雷尔都有出席，他不发言，但认真倾听。[27]尼雷尔还养成习惯，以阅读探讨政治学兴趣，这也发端于马克雷雷，并一直保持到在爱丁堡大学时期。我们可以从尼雷尔的阅读书单中找到踪迹：他受斯密（Adam Smith）的《国富论》（*The Wealth of Nations*）和穆勒（John Stuart Mill）的《政治经济学原理》（*Principles of Political Economy*）的影响很深，[28]传记作家莫洛尼（Thomas Molony）甚至认为这对他未来的执政理念有影响。至于“写”，尼雷尔会在写作中将政治概念应用到要解决的社会问题上。他曾自述在马克雷雷他如何在写作中深究政治思想："约翰·斯图亚特·穆勒写的论代议制政体和论妇女受压迫一类文章，给我以极大影响。我两次参加东非的写作比赛，都得到了一等奖。我在第二次写了论妇女受压迫的文章，把穆勒的思想应用到部族社会。"[29]这种听、读、写的深究模式，近似学术研究的雏形，如果不是在知识分子聚集的学术机构里，在接受了完整基础教育的前提下，根本不可能得到发展。所以，马克雷雷学院不仅触发了尼雷尔对政治哲学的兴趣，还为这一兴趣的持续发展提供了良好土壤和必备条件。

马克雷雷的初衷是培养殖民主义的忠实信徒，但却造就了反抗殖民的"叛徒"。①其建校的部分目的是截取有出国意图的非洲学生，以免其遭受解殖思想入侵——"因为这会将他们暴露在国外的颠覆性思想里"。[30]"具有讽刺意味的是，马克雷雷很可能提供了土壤，让第一个'颠覆性的'种子生根发芽。"[31]学者西彻曼（Carol Sicherman）曾评价，知识分子"用从殖民者的仓库里偷来的知识武器打败了殖民势力"。[32]这一模式也可以用来形容尼雷尔在马克雷雷的经历。马克雷雷是尼雷尔政治家身份的起点，此"政治家"并非单纯的政治活动家，也有政治哲学探索者的成分在内。首先，马克雷雷学院完成了尼雷尔政治哲学的启蒙，让他在西方政治哲学领域深耕探索。其次，马克雷雷学院的校内氛围和未来政治局势相当相似。作为学生干部的尼雷尔，一方面他利用殖民当局赋予学校和学生的自治权，从内部质疑和反驳学校本身；另一方面他直面、协调种族矛盾。这种纵横捭阖的处事方式，与他作为非洲国家领袖，在争取独立的道路上和殖民当局既合作又对抗的模式如出一辙。在校经验为他未来的执政提供了预备锻炼。最后，尼雷尔在马克雷雷创建的坦盟分支，是他走向全国社团、切实锻

① 此句引自赵白生教授在2022年3月31日《尼雷尔传论》书稿研讨会上的发言。

炼政治才干的起点。

## 三、马克雷雷：教师身份合法化的摇篮

尼雷尔被坦桑国民尊称为“牧瓦利穆”（Mwalimu）——导师。此称号伴随尼雷尔一生，恰好形容了尼雷尔作为政治家的身份特质——他是一名导师型国父，将本国人民带出迷津，走向独立。必须指出的是，无论是在尼雷尔短暂的中学教师生涯里，还是在他的“牧瓦利穆”称呼背后，教师身份是他职业生涯的重要底色。他的教育使命和政治信念彼此成就，教师身份是政治家形象的有力支撑。

可以说，没有马克雷雷，就没有教师尼雷尔。正是马克雷雷赋予了这一职业合法性：尼雷尔在马克雷雷获得的是教师文凭，毕业后的第一份工作是在中学教书——教了三年。

因马克雷雷而得到合法化的教师职业身份，是尼雷尔参政之路上不可或缺的助力。第一，以教师的身份参与坦协活动，能让尼雷尔无论是在民族独立观点上，还是在参加特定活动时，都拥有更多的自由度，甚至作出一些有利于本民族但有悖当局规定的举措。例如，将松散组织坦协改造成政党坦盟——坦噶尼喀非洲民族联盟（Tanganyika African National Union），为民族独立铺路。正如《尼雷尔》所言，在未成为政党的坦协组织里，“尼雷尔作为一个教会学校的教师，较少地受到政府的控制，而协会的大多数其他领导人都是公务员”。[33]当时并不在政府机构任职的尼雷尔，如果没有教师身份，也许没有资格继续留在坦协，因为协会本身就是非洲人公务员的社交团体。但如果和其他人一样也是从政府机构支薪的公务员，尼雷尔根本无法将协会改造成政党。教师身份为他的从政生涯提供了一个既满足资格，又不受约束的中

间地带。

第二，教师身份有利于尼雷尔借助学校的平台发展青年坦盟成员。在塔波拉的圣玛丽教会学校教书时，尼雷尔接触了一群自称为联合俱乐部（Combined Club）成员的男孩，对方请求老师额外补习英语，尼雷尔和同伴蒂班德巴格（Tibandebage）欣然应允。叶海亚–奥斯曼（Yahya-Othman）认为，尼雷尔利用这种私下辅导的机会，将已有组织的学生成员，纳入坦盟内部成为新党员。“尼雷尔必定是看到了，能利用一个有组织的青年团体，是金子般的机会。他深谋远虑地想要获得回报，因为这一小组后来发展成为坦盟班图（Bantu）分支。”[34]教师身份让尼雷尔能接触到受过教育的年青一代，为坦盟不断补充新鲜血液。

第三，教师从业经验为尼雷尔早期参政活动，尤其是涉及学校的议题时提供了说服力，增加了可信度。1954年总督任命尼雷尔填补立法会议临时空缺，“他在立法会议上的第一次发言，谈的是需要更多学校的问题”，[35]并且指出，“到一九五六年，我们仍将有百分之六十四的学龄儿童被排斥在学校的门外，先生，我并不认为对此我们有任何理由可以心安理得”。[36]一个中学教师在短暂的立法会议员生涯里披露当前的教育困境，无疑是一项既具专业素养又饱含恳切之心的举动，为其正面形象增色。

第四，后期殖民当局政策收紧，频繁参与政治活动的尼雷尔因此被迫不能继续从事教师工作。这种取舍虽然使尼雷尔失去了收入，实际上却强化了尼雷尔本人的形象和政治话语权。时任总督特文宁（Edward Twining）是直接下令让学校解雇尼雷尔的人。他指出：“尼雷尔是领取政府薪金的人……我们不会容许公务员这样做。尼雷尔必须在政治领袖和由政府付给薪金的教师之间作出选择。我不能让一个即使是间接领取政府薪金的人去做一个政治领袖。”[37]在这种命令下，尼雷尔不得不选择辞去教师职务。这一举措一方面体现出尼雷尔不为金钱所动，与他一直以来廉洁自好的形象一致；另一方面，这表明了他为政治事业作出的、切实的牺牲。毕竟尼雷尔的生活并不宽裕，他以往依靠政府全额奖学金才能负担学费，修理铁皮屋顶的借款得依靠兼职收入才能还清。史密斯在《尼雷尔》中也肯定了辞职举措对政治家形象的加分作用："后来当尼雷尔由于从事政治活动而被迫辞去教师工作的时候，朋友们对他的印象就更加深刻。西凯斯说：'他表示准备作出牺牲。我们说：这个人是来拯救我们的。'"[38]当然，并不是说尼雷尔刻意地通过辞去教职这件事操纵性、表演性地构建了政治家形象，而是说，被迫辞去教职事件无意中达到了更有利于从政生涯的效果。

第五，也是最重要的一点，尼雷尔始于马克雷雷的学生经验与教师生涯，为他后期论述教育政策增添了说服力。尼雷尔教育观的核心在于，他将高等教育看作权利和义务的综合：享受了高等教育权利的天之骄子们，必须同时履行义务。

毋庸置疑，尼雷尔意识到教育是稀缺资源，因为当时的坦桑尼亚国力，远远未到能普及适龄青少年国民教育的程度。1966年尼雷尔访问查加族村庄，得知对方最关心的事情是盖起中学，送子女接受更高的教育，而尼雷尔非常清楚这种愿望近期无法实现。"尼雷尔总是讲清楚，村民们不能希望政府最近办更多的中学。他说：'想让所有念过七年制的孩子全都上中学，这是做梦。'"[39]

这种意识——明白高等教育资源非常稀缺的意识，始于尼雷尔教师生涯初期，也就是他刚从马克雷雷毕业的时期。1946年11月尼雷尔为马克雷雷杂志写过一篇文章，阐述受教育者应该意识到享受这一资源背后所附带的义务。

> 国务卿告诉学生们，他们正享受着珍贵的礼物，它是外

面的群众很想分享的。我认为这是对明显事实的真实陈述。但我必须承认的是，虽然我在马克雷雷时，我的想法是，我不知怎的比人民中的大多数要幸运，但那一陈述对我来说几乎毫无意义；它对于我的意义，事实上，比今天小得多。

当我还在马克雷雷，我明白，我的政府的确为我花费了它年收入中大约八十英镑，但那对我而言并未意味着什么：毕竟，八十英镑，在每年非洲纳税人缴来的税款里，只是很小的一部分。但今天，八十英镑变得对我而言意义重大。它不仅仅是珍贵的礼物，而且是我永远无法偿还的债。

我在思考，是否它曾经也发生在我们很多人身上，当那八十英镑被用在我身上时（或者出于同一原因用在过去或现在的马克雷雷学生身上时），有些乡村诊疗所就无法在我的或者其他的村子里被建造出来。事实上人们可能死于药物缺失，仅仅是因为这八十英镑本可以被用于一个良好的乡村诊疗所，却花在了我、仅仅一个个体身上。因为我在学校里出现［且我从未做任何事情配得上马克雷雷（受教育机会）］，很多像阿格雷（Aggrey）和布克·华盛顿（Booker Washington）那样的人就只能维持文盲状态，因为（他们）没有学校可上，因为本可以用来建学校的钱被花在尼雷尔身上，一个愚蠢的、不负责的马克雷雷学生。

但是，为什么社区人民要花这些钱，冒这些风险，错失这些上学的机会呢？难道是为了建造一个宏伟但无用、不流动的金字塔顶端吗？当然不是。社区人民花这么多钱在我们身上，因为它想要我们作为抬举杠杆（而发生作用）。作为杠杆，我们必须处在底部，承受被抬举的群众的全部重量，我们必须承受（facilitate）抬举的任务……这让我想起一个简短但非凡的演讲。这演讲面向政府学校塔波拉的男生和工作人员，是拉蒙特博士（Dr. Lamont）的演讲。他把受过教育的人比作眼睛，眼睛对于它们自身而言不重要，其重要性在于它们能为整个身体做些什么。受过教育的人，对于他们自身而言不重要，他们的重要性在于能为其身处其中的社区做些什么。这个类比一直伴随着我，也一直让我意识到我对于社区而言是无价值的、配不上的（unworthiness）。

我们这些老学生嫉妒现在的马克雷雷这一代，既是因为听说有克里奇·琼斯先生（Creech Jones）这样的人物，也是因为他们有拉蒙特博士做校长。我可以通过再次引用前者的话来结束这一段吗?

"我希望这一信息能打动你的心——必须要在劳动中学会分享，不要认为别人辛勤劳动是理所应当为你而做。人是无法向前迈进的，除非自己做好了吃苦的准备……"[40]

这篇短文阐明了尼雷尔的教育观。他意识到，享受了高等教育的天之骄子们必须对社会负有相应的义务。第一，尼雷尔的心路历程是，他就读马克雷雷时，将豁免学费视作理所当然，毕业以后才意识到机会珍贵。这从侧面印证了长久以来一直存在的"马克雷雷神话"（Makerere Myth）——"马克雷雷是平等主义的乐土"，[41] 的确存在于校园氛围之中。但结合校园内外差异可知，这不是真实的世界，而是充足的政府奖学金支持下营造出的象牙塔幻境。幻境越真切，越说明政府资金在校园内部消弭了阶级差异。第二，这种教育资源并非从天而降，而是以其他基础建设的减损为代价而来的，尤其是在国力甚弱的坦噶尼喀。尼雷尔列举了非常具体的例子，每花费八十英镑资助一个马克雷雷学生，国内就会少建一座卫生诊所，也许有人会因此失去生命；国内也会因此削减投放在基础教育领域的资金，更多本可以拥有大好前途的人失去了接受教育的机会。第三，正因为它的稀缺性，有幸享受了高等教育资源的人，必须为社会大众、为那些因此而利益受损的大多数人民付出。个体不能仅仅考虑自身利益，而要把自己看作社会整体的一部分，思考自己如何回馈这一份已享受的资源。第四，此教育观起源于一种结合自身经历的、朴素的认同感，而并非出于任何的政治目的。因为1946年的尼雷尔尚未正式从政，只是一个在塔波拉圣玛丽学校任教的教师。正因为这是一份在当时不涉及利益的认同感，当它后来被应用到号召青年为国服务时，更显真诚、更具说服力。

尼雷尔知行合一，不仅思想上有所觉悟，也切实地落实到行动中。上文提到，尼雷尔在圣玛丽学校任教时私下为联合俱乐部的男孩们提供辅导。这固然是为了吸收坦盟党员，但也是为他所受过的教育“还债”。“尼雷尔也许将这看作向社会‘偿还债务’的一种方式，因为他们的牺牲使他能接受这种程度的教育，（也）因为正是在圣玛丽学校，尼雷尔给马克雷雷杂志写信表达了他的观点：将教育看作从人民处贷款，必须要偿还。”[42]但另一个值得一提的论据未被提及：尼雷尔提供额外辅导、继续撒播政治意识觉醒的种子，同样也是在回报幼年时期从老师身上收获的启蒙。因为当年在姆维森盖学校上学时，两个对他影响很大的老师——查古老师（Daniel Chagu）和伊连咖老师（James Irenge），同样是以私下辅导的形式，尼雷尔接受了老师传授的政治意识。“伊连咖回忆起他和学生们一起度过的时光，表面上给他们提供学校科目的额外辅导，但也给年轻的心灵灌输了摆脱殖民者的可能性，这纵然令人兴奋但也气馁。”[43]尼雷尔以实际的教育行动，向年青一代传播坦盟民族独立的思想，既是回报从社会民众之中获得的资源，也是回馈当初老师传授的政治意识。无论是从物质资源还是从精神启蒙的角度来讲，尼雷尔都承担了“受教育”背后附带的义务。

这套源自马克雷雷经验的“教育偿还理论”，不仅在他早期教师职业生涯中有所体现，还贯穿在他的执政生涯中，尤其体现在他对教育事务的态度上。从中不难看出，尼雷尔否定个人主义，更认可集体思想。这种倾向在他执政之前只展现了模糊的雏形，在他成为国家领导人之后越来越明显。《尼雷尔》记录了他在这方面的相关言论：“东方国家具有非洲所需要的某些东西；强调义务。而西方国家却把义务看作是自由的丧失……但是我觉得对我们这种类型的世界来说，一个人牺牲许多人而使自己过得舒服是太便当了——特别是那些有权力的人和受过教育的人。”[44]这是因为，那套强调个人自由、个体利益、自我支配的意识形态，不能号召已经享受了优质教育的青年精英为国服务。这种倾向也在尼雷尔政治生涯的另一事件中表露无遗。1966年第二副总统卡瓦瓦（Rashidi Kawawa）颁布“国民服务”计划，规定大学生在两年服务期间只能获得公务员薪水的40%。这项政策本身就是尼雷尔“教育偿还论”的体现：既然天之骄子们享受了稀缺的教育资源，就应该在毕业后低薪为国服务。此项计划引致400名大学生游行示威。面对他们，尼雷尔的发言毫不动摇，“我不会花费公款来教育那些说‘国民服务是个集中营’的人”，[45]并且当场宣布自降薪水20%，顺利说服示威学生离场。针对这一政治插曲，《尼雷尔》的作者史密斯接连引用了三位总统身边人的话语，他们均对尼雷尔的处事姿态表示赞同。总督特恩布尔爵士（Sir Richard Turnbull）的关键词是“舍己、伟大”；[46]助理人员认为尼雷尔“说服”了学生；[47]部长以“信任”形容他对学生群体的态度。[48]总体舆论趋势倾向于确信他作出这一抉择并非出于操纵和获取私利。

综上所述，马克雷雷经历赋予尼雷尔的教师身份，从多个角度、在各个时期，有利于并服务于尼雷尔的从政生涯。

# 四、结语

当代学者对马克雷雷的教育功能评价不一。马克雷雷曾以多种面目出现在其毕业生的文学作品里：有人说它是培养未来领袖之地；也有人说它提供了殖民教育，培养“开倒车的智性机器人”。[49]同样地，马克雷雷培养的毕业生，并非对尼雷尔、对坦国独立进程都是坚实后盾。在这里，他既认识了一生挚友蒂班德巴格，也结识了被他评价为“虚伪东非人”的马克瓦伊阿（David Makwaia），[50]后者一手破坏了尼雷尔和末任总督特文宁的关系。

马克雷雷学院使尼雷尔成为具有跨文化视角的知识分子领袖。首先，马克雷雷的经历让尼雷尔在接受精英教育的同时不忘出身，关注社会中下层，这是他相对于同龄人的执政优势。从马克雷雷毕业的社会学家歌德索普（J. Goldthorpe）指出，马克雷雷的环境让学生游走于两个世界中：既要面对校外的前现代世界，又要处理校内现代性，这是每一个受过教育的非洲人（educated African）的情况。[51]这种前现代与现代的差异，应该理解为经济发展水平带来的物质与精神生活的阶级隔阂。被描述为困境的这一体验，对于尼雷尔而言反而是机遇，这解释了他为什么能迅速成为坦协领导人，“通常，一个人到国外上大学，回来时就不会是我们中间的一员了，而且会变得非常世故……（但他是）一个受过同样教育而完全两样的人，他置身于下层，同人民讨论日常的事情”。[52]

其次，马克雷雷的多种族环境让尼雷尔跳脱出狭隘的部落传统、民族主义乃至种族主义。在马克雷雷，“尼雷尔处于外国的、相异的教育视角的影响之下”。[53]此处的“外国”指的是坦国之外。当时的校园在族裔上是大熔炉，“是尼雷尔第一次暴露于东非以外的非洲民族”。[54]作为学生干部，面对校园里白人教员和黑人学生之间的关系，更是将这一认知维度拓宽到非洲大陆之外。这些认知有助于他从政后处理复杂的种族矛盾，例如，坚决要求团结黑人实行民族独立，反对二战赔款分种族应用到教育事业，但同时承认任何种族的坦噶尼喀公民均有平等资格担任政府成员等。他在反对殖民主义和白人种族主义的同时并未落入黑人种族主义的窠臼。

尼雷尔和马克雷雷在某种意义上是同质同盟，两者都具有跨文化的影响力，都是非洲独立进程中的标杆性存在。尼雷尔的政治辐射力远不止坦桑尼亚一国，跟马克雷雷大学一样，他的影响力遍布非洲大陆。1993年马克雷雷大学给尼雷尔颁发法学荣誉博士学位，基于以下五大理由：“支持安哥拉、莫桑比克、津巴布韦的解放斗争；合并坦桑尼亚成为一个团结的民族；廉洁的领导；为了第三世界人民发展而进行改革；最重要的是，他在1979年推翻阿明政权中的重要作用。”[55]可见尼雷尔对非洲地区其他国家，如安哥拉、莫桑比克、津巴布韦、乌干达，乃至曾经的桑给巴尔都有举足轻重的影响。马克雷雷大学本身在非洲独立运动中同样扮演了重要角色，由它来对尼雷尔进行承认和肯定，无疑表明，在非洲独立进程中，尼雷尔和马克雷雷互为映照。2018年，马克雷雷大学建立了尼雷尔领导中心，“旨在发展建立持续性的遗产，以提升乌干达和非洲大陆的学习力和领导力（develop a lasting legacy for learning and leadership development in Uganda and on the African Continent）”，[56]关键词“学习”和“领导”分别指向教育、政治领域。这表明马克雷雷对尼雷尔的认同并未随时间减损，始于马克雷雷的尼雷尔的政治、教育经验，超越了时代，作用于当下，在未来也必有回音。

**引用文献：**

1. Saida Yahya-Othman, Issa G. Shivji and Ng'wanza Kamata, *Development as Rebellion: A Biography of Julius Nyerere, Book One: The Making of a Philosopher Ruler* (Dar es Salaam: Mkuki na Nyota Publishers Ltd., 2020), p. 51.

2. Ibid., pp. 53-54.

3. Isaac Kamola, "The African University as 'Global' University," *Political Science and Politics* 47. 3 (2014): 605.

4. Carol Sicherman, "Makerere's Myth, Makerere's History: A Retrospect," *Journal of Higher Education in Africa* 6. 1 (2008): 19.

5. Saida Yahya-Othman, Issa G. Shivji and Ng'wanza Kamata, *Development as Rebellion: A Biography of Julius Nyerere, Book One: The Making of a Philosopher Ruler* (Dar es Salaam: Mkuki na Nyota Publishers Ltd., 2020), p. 54.

6. Ibid.

7. Ibid., p. 37.

8. Ibid., p. 44.

9. John Hatch, *Two African Statesmen: Kaunda of Zambia and Nyerere of Tanzania* (Chicago: Henry Regnery Company, 1976), pp. 18-19.

10. Ibid., pp. 9-10.

11. 威廉·埃杰特·史密斯:《尼雷尔》，上海《国际问题资料》编辑组译，上海人民出版社，1975，第62页。

12. 同上书，第45页。

13. Saida Yahya-Othman, Issa G. Shivji and Ng'wanza Kamata, *Development as Rebellion: A Biography of Julius Nyerere, Book One: The Making of a Philosopher Ruler* (Dar es Salaam: Mkuki na Nyota Publishers

Ltd., 2020), p. 56.

14. Ibid.

15. Ibid., p. 57.

16. David Mills, "Life on the Hill: Students and the Social History of Makerere," *Journal of the International African Institute* 76. 2 (2006): 255.

17. Ibid., pp. 248-249.

18. Saida Yahya-Othman, Issa G. Shivji and Ng'wanza Kamata, *Development as Rebellion: A Biography of Julius Nyerere, Book One: The Making of a Philosopher Ruler* (Dar es Salaam: Mkuki na Nyota Publishers Ltd., 2020), p. 56.

19. David Mills, "Life on the Hill: Students and the Social History of Makerere," *Journal of the International African Institute* 76. 2 (2006): 255.

20. 威廉·埃杰特·史密斯:《尼雷尔》,上海《国际问题资料》编辑组译,上海人民出版社,1975,第65页。

21. John Hatch, *Two African Statesmen: Kaunda of Zambia and Nyerere of Tanzania* (Chicago: Henry Regnery Company, 1976), p. 19.

22. David Mills, "Life on the Hill: Students and the Social History of Makerere," *Journal of the International African Institute* 76. 2 (2006): 255.

23. Ibid., p. 249.

24. 威廉·埃杰特·史密斯:《尼雷尔》,上海《国际问题资料》编辑组译,上海人民出版社,1975,第63页。

25. John Hatch, *Two African Statesmen: Kaunda of Zambia and Nyerere of Tanzania* (Chicago: Henry Regnery Company, 1976), p. 18.

26. Ibid.

27. Ibid., p. 28.

28. Saida Yahya-Othman, Issa G. Shivji and Ng'wanza Kamata, *Development as Rebellion: A Biography of Julius Nyerere, Book One: The*

*Making of a Philosopher Ruler* (Dar es Salaam: Mkuki na Nyota Publishers Ltd., 2020), p. 80.

29. 威廉·埃杰特·史密斯:《尼雷尔》，上海《国际问题资料》编辑组译，上海人民出版社，1975，第63页。

30. Saida Yahya-Othman, Issa G. Shivji and Ng'wanza Kamata, *Development as Rebellion: A Biography of Julius Nyerere, Book One: The Making of a Philosopher Ruler* (Dar es Salaam: Mkuki na Nyota Publishers Ltd., 2020), p. 57.

31. Ibid.

32. Carol Sicherman, "Makerere's Myth, Makerere's History: A Retrospect," *Journal of Higher Education in Africa* 6. 1 (2008): 17.

33. 威廉·埃杰特·史密斯:《尼雷尔》，上海《国际问题资料》编辑组译，上海人民出版社，1975，第75–76页。

34. Saida Yahya-Othman, Issa G. Shivji and Ng'wanza Kamata, *Development as Rebellion: A Biography of Julius Nyerere, Book One: The Making of a Philosopher Ruler* (Dar es Salaam: Mkuki na Nyota Publishers Ltd., 2020), p. 64.

35. 威廉·埃杰特·史密斯:《尼雷尔》，上海《国际问题资料》编辑组译，上海人民出版社，1975，第78页。

36. 同上。

37. 同上书，第80–81页。

38. 同上书，第75页。

39. 同上书，第321页。

40. John Hatch, *Two African Statesmen: Kaunda of Zambia and Nyerere of Tanzania* (Chicago: Henry Regnery Company, 1976), pp. 24-25.

41. Carol Sicherman, "Makerere's Myth, Makerere's History: A Retrospect," *Journal of Higher Education in Africa* 6. 1 (2008): 14.

42. Saida Yahya-Othman, Issa G. Shivji and Ng'wanza Kamata, *Development as Rebellion: A Biography of Julius Nyerere, Book One: The Making of a Philosopher Ruler* (Dar es Salaam: Mkuki na Nyota Publishers Ltd., 2020), p. 64.

43. Ibid., p. 39.

44. 威廉·埃杰特·史密斯:《尼雷尔》,上海《国际问题资料》编辑组译,上海人民出版社,1975,第20页。

45. 同上书,第32–33页。

46. 同上书,第35页。

47. 同上书,第36页。

48. 同上。

49. Carol Sicherman, "Makerere's Myth, Makerere's History: A Retrospect," *Journal of Higher Education in Africa* 6. 1 (2008): 14.

50. John Hatch, *Two African Statesmen: Kaunda of Zambia and Nyerere of Tanzania* (Chicago: Henry Regnery Company, 1976), p. 23.

51. David Mills, "Life on the Hill: Students and the Social History of Makerere," *Journal of the International African Institute* 76. 2 (2006): 250.

52. 威廉·埃杰特·史密斯:《尼雷尔》,上海《国际问题资料》编辑组译,上海人民出版社,1975,第74–75页。

53. John Hatch, *Two African Statesmen: Kaunda of Zambia and Nyerere of Tanzania* (Chicago: Henry Regnery Company, 1976), p. 2.

54. Saida Yahya-Othman, Issa G. Shivji and Ng'wanza Kamata, *Development as Rebellion: A Biography of Julius Nyerere, Book One: The Making of a Philosopher Ruler* (Dar es Salaam: Mkuki na Nyota Publishers Ltd., 2020), p. 55.

55. Denis Wamala, "Doctor of Law for an Alumni of Mak Mwalimu J Nyerere," *Bulletin of Tanzanian Affairs*, April 30, 1993, accessed June 3,

2021, https://news.mak.ac.ug/1993/04/doctor-of-law-for-an-alumni-of-mak-mwalimu-j-nyerere.

56. Mark Wamai, "President Museveni Launches Julius Nyerere Leadership Center," October 6, 2018, accessed June 3, 2021, https://news.mak.ac.ug/2018/10/president-museveni-launches-julius-nyerere-leadership-centre.

# 第三章　尼雷尔与英国

李琼璐*

英国与尼雷尔交织紧密，亦师亦敌，时亲时疏。留学英国，不列颠是他学为世界人的开端；对抗英国，他是向世界揭开英国丑陋殖民面目的民族独立之先锋；求助英国，他是有得有失的一国领袖；批判英国，他是国际舞台上自相矛盾的道义坚守者。

因此，尼雷尔与英国盘根错节的关系既见证了尼雷尔世界意识的养成和作为民族独立之先锋力挽狂澜的过程，又折射出他作为第三世界民族主义运动领导者和国家领导人，想做与能做之间的鸿沟。

## 一、留英：学为世界人

尼雷尔是一位具有国际视野的政治家。他的国际视野缘何而来？细数尼雷尔早期的所有经历，留学英国这段跨文化经历最为突出，因此，在帮助他形成思想的世界性底色方面，英国的多元文化立了头功。

---

* 李琼璐，北京大学外国语学院世界文学研究所博士研究生，主要研究英语世界文学、传记文学理论和女性自传文学。

1949年4月至1952年10月，尼雷尔在英国度过了丰富而充实的三年半留学生涯。他所攻读学位的大学——爱丁堡大学位于苏格兰。当时的苏格兰地区，正处在始于19世纪20年代的苏格兰文艺复兴的余波之下。该文化运动倡导苏格兰文学和绘画等在吸纳欧洲文学与绘画元素的基础上走向国际，因此是一股具有开放性和多元性的潮流。[1]爱丁堡大学自欧洲启蒙运动的浪潮以后，逐渐成为欧洲的学术中心。它培养了诸如大卫·休谟①（David Hume）、温斯顿·丘吉尔（Winston Churchill）等众多影响世界文明进程的大家。不仅是苏格兰，尼雷尔抵英的第一站——首都伦敦也是一座兼容并包的城市。它在1949年初迎来了大批西印度移民；而自1945年曼彻斯特泛非大会召开以后，会议的影响仍在伦敦留有余音——伦敦早已成为乔莫·肯雅塔②（Jomo Kenyatta）和克瓦米·恩克鲁玛③（Kwame Nkrumah）等非洲激进人士讨论政治的家园。[2]

对尼雷尔而言，英国的多元性主要体现在三个方面：知识多元、学生多元和社团多元。

课堂的多元知识极大地满足了尼雷尔的求知欲。

英语是通向多元知识的钥匙。尼雷尔的英语水平甚佳。他不仅不到半年就顺利通过了苏格兰地区大学的英语预备考试，而且入学后，他独特的写作风格和出色的外语能力都让老师们印象深刻。[3]

三年里，他选修的课程总共有七门，分别是英语文学、英国史、政治经济学、社会人类学、经济史、宪法和道德哲学。[4]从学科看，这些课程涵盖政治、经济、法律、文学、历史、哲学六大门类。由此可以看出，尼雷尔在英国所学的多元知识主要是在人

---

① 哲学家、经济学家、历史学家，被视为苏格兰启蒙运动以及西方哲学历史中最重要的人物之一。

② 非洲政治家，后成为肯尼亚国父。

③ 非洲政治家，后成为加纳国父。

文社会科学领域。这些人文社科知识涉及国家治理和发展的方方面面。可以说，这为他日后领导国家、统筹全局奠定了厚实的学术基础。所有课程他均顺利通过，成绩保持在52%—68%（50%是及格线），其中英语文学、政治经济学和社会人类学三门课的成绩达到了班级平均水平以上。宪法课获得了68%的成绩，这是英国大学的中档成绩。[5]这些成绩不仅证明了尼雷尔的英语水平，也表明了他的学习能力。

> 没有人比我更清楚，我所学的内容是多么有用，我又是多么享受这些课程，而且我又是多么想一直上课上到明年毕业呀！[6]

他不仅乐于学习，而且认为所学的知识十分有用。这些课程正是东西方文明的荟萃，他学习的具体内容便可以证明这一点。

道德哲学、英国史和社会人类学三门课程都从不同角度为尼雷尔铺开了一张世界地图。

道德哲学课铺开的是思想史的世界。早在马克雷雷大学时期，尼雷尔就表现出了对思辨和思想的浓厚兴趣，[7]所以在爱丁堡大学，约翰·麦克莫瑞（John Macmurray）的道德哲学课自然成为他最爱的一门课程。这门课程的内容是塑造尼雷尔世界性思想的助推器。在课上，他不仅阅读了从希腊柏拉图以来的亚里士多德、雅典斯多葛学派以及东方犹太圣经等经典，了解了东西方文明的道德哲学之源；而且学习了霍布斯以来的政治理论。这其中既有德国康德的《道德形而上学》，又有法国卢梭的《社会契约论》，还有英国诸多思想家如T. H. 格林的《政治义务原理》、伯纳德·鲍桑葵的《关于国家的哲学理论》、拉斯基的《政治典范》、托马斯·霍布斯的《利维坦》和约翰·洛克的《政府论》等。[8]这些东西方文明经典和思想结晶开阔了尼雷尔的视野，并逐渐在他的思想之中沉淀，使得世界性成为其思想底色。

英国史课程则让他了解了西方历史上的帝国。他做了厚厚的一本笔记，记录了从罗马帝国入侵到当前议会体制的英国历史全过程。[9]从罗马帝国到大英帝国，世界大势在这其中百转千回，欧洲文明也更清晰地展现在尼雷尔眼前。

社会人类学课则在西方之外打开了东方农村建设的新世界。拉尔夫·皮丁顿（Ralph Piddington）教授不仅讲授西方人类学，还向他推荐了费孝通先生的《江村经济》（*Peasant Life in China*），他对这本书爱不释手。而英国史中也提到罗马对英国农村社会布局的影响。坦噶尼喀是一个以农村为主的国家，因此一东一西之农村建设思想给了他很多可供借鉴的启示。

在政治经济学、英国文学和宪法课程中，我们似乎还能找到尼雷尔全球南北对话思维模式的起点。

根据地理位置，尼雷尔将世界发达国家统称为“北方”，而将发展中国家和欠发达国家统称为“南方”。尼雷尔的英国留学之旅是他的第一次发达国家之旅。在课程中所接触的先进西方思想理论让他产生了一种北学南渐的思维。比如，在国家政治经济建设方面，他受益于政治经济学课，课上他阅读了亚当·斯密的《国富论》和约翰·斯图亚特·穆勒的《政治经济学原理》。这两本专著中有关生产条件的论述都为后来尼雷尔论述“乌贾马”所引用。他也酷爱英国文学课程①，并在回国后尝试用英国文化补益坦桑尼

① 课程内容包括约翰·弥尔顿（John Milton）的《酒神之假面舞会》（*Comus*）、莎士比亚的作品、杰弗雷·乔叟（Geoffrey Chaucer）的《坎特伯雷故事集》（*The Canterbury Tales*）中的序言和前三个故事、威廉·华兹华斯（William Wordsworth）的诗选、罗伯特·彭斯（Robert Burns）的作品以及埃米尔·勒古依（Emile Legouis）的《英国文学简史》（*A Short History of English Literature*）等。

亚的文化建设。1963年和1969年，尼雷尔将弥尔顿的十四行诗、莎士比亚的《恺撒大帝》和《威尼斯商人》译为了斯瓦希里语。这不仅是为让本国人更了解英国文化，也加强了斯瓦希里语作为坦桑尼亚官方语言的地位。在宪法课程上，他第一次接触到了法律知识。[10]这门课程奠定了他今后依法治国的基础。1962年12月10日，尼雷尔在国会就职演讲中说道：

> 一个拒绝学习外国文化的民族不过是一个白痴和疯子的民族。如果我们所有人都拒绝相互学习，人类就无法进步。[11]

尼雷尔是学习世界文化的践行者和提倡者。由他后来的思想轨迹可以看出，尼雷尔有意将这些先进思想文化引入非洲，将它们与南方非洲的实际结合起来。擅长学习与借鉴北方先进之经验与知识，青年尼雷尔的这一特质非常突出。

知识多元增进了尼雷尔的理论知识，学生多元和社团多元则丰富了他探索课程之外的世界的生活。

尼雷尔并不囿于课堂知识，而是主动选择和抓住探索社会的机会。赴英留学，他是抱着了解英国这个殖民宗主国以及厘清祖国与英国的关系的目的而来的。这意味着，他是一个抱定宗旨而求学的人。也就是说，要实现自己的目的，就必须多接触课程之外的社会。为此，他也做了充分的前期准备——将攻读的硕士学位从理科（Master of Science）改为文科（Master of Arts）。这一更改有两大好处。首先，相比精细单一的理科，需要广泛阅读和思辨的文科学位更能解决他的困惑和满足他为国救亡图存的需要。[12]其次，这是一个不用做毕业论文的普通硕士文凭，这样他可以不囿于课堂和书本，而有足够的时间去探索校园乃至整个英国的大千世界。

首先，满足他探索欲望的是大学之中的多元学生。这一时期，英国大学校园俨然一个世界公民俱乐部。当时很多殖民地学生因英国提供战后奖学金的机缘前来留学，这里至少聚集了欧洲、亚洲、非洲和美洲四大洲的学生。[13]

尼雷尔因此结识了世界各地的学生。在课堂上，他和白人学生被一视同仁。[14]课堂之外，尼雷尔和殖民地学生一起居住在帕默斯顿路的殖民之家（Colonial House）。他尤其与尼日利亚和西印度的朋友走得很近。[15]这样宽松平等的环境在一定程度上培养了他的种族平等意识。

其次，多元学生形成了多元的社会。这里既有第一世界的社会，也有第三世界的社会。一方面，尼雷尔以国际学生的身份轻松体验英国发达的社会环境，比如结交了如威尔逊夫人这样的白人朋友。1951年3月和7月，他分别去到威尔士和伦敦，实地观摩议会和体验城市生活。在伦敦时，他还参加了不列颠艺术节。[16]另一方面，他也可以殖民地学生的身份加入第三世界的社会——宿舍生活。在宿舍，交流校园生活和殖民生活经历是他们的日常话题。宿舍不定期邀请嘉宾来作演讲，西非黄金海岸①（今加纳共和国）新上任的教育部部长科吉奥·博齐奥（Kojio Botsio）就曾来给他们演讲，他的出现让这些殖民地留学生备受鼓舞。[17]多元社会也让尼雷尔感受到了一个非常国际化的环境，诸多与各种族平等相处的经历可能塑造了他种族平等的观念。

最后，多元社团进一步锻造了尼雷尔的宏观思维。他参加的协会至少有西印度学生协会、爱丁堡非洲协会、费边社②和爱丁堡世界教会团体。这些社团都有一个共同特点：国际化乃至世界化。

---

① 西非黄金海岸当时正在进行反英殖民运动，且取得了一定成效。

② 费边社：费边协会的专门部门，成立于1940年，目的是促进有关殖民政策的研究、信息收集和发展建设性意见，与英国工党关系密切。

西印度学生协会是加勒比海的国际学生的组织；爱丁堡非洲协会致力于加强非洲留学生之间的合作和促进不同国家学生之间的国际兄弟情谊；[18]费边社是依据古罗马费边元帅①思想而建立的，因而有古罗马文明的影子；爱丁堡世界教会团体则是世界基督徒的联盟。

国际性社团的议题是世界性的。尼雷尔发现，他与这些社团成员的互动，不同于与坦噶尼喀同胞的讨论那样只谈本国，而要兼顾他者，要有世界意识。

以爱丁堡世界教会团体为例。该团体一直反对英国的非洲殖民政策，这种话题和眼光富有世界性。尼雷尔是该团体的执行会员之一。1951年6月，英国政府发布了一份支持南北罗得西亚（Rhodesia）和尼亚萨兰（Nyasaland）联盟的官方报告，世界教会团体为此组织了一些会议并对这份报告表达了强烈谴责。尼雷尔也在其中并力斥此计划的白人至上主义。

另一个值得一提的组织是费边社。尼雷尔自留学时加入费边社起，就一直保持着会员身份。反对英国殖民当局的多元种族主义（multi-racialism）②是费边社的一贯主张。[19]因为涉及英国海外殖民地政策，它的视野无疑也是世界性的。当时的费边社主席亚瑟·克里奇·琼斯（Arthur Creech Jones）致力于用费边思想逐渐解除英国对殖民地的束缚。

加入这些社团是尼雷尔的兴趣所在，团体中的讨论则拓宽了

① 费边：古罗马大将。公元前217年，费边接替前任败将的职务，迎战迦太基的世纪名将汉尼拔。费边采取了避其锋芒、小规模进攻的策略，从而达到既避免失败又打击对方的目的。经过八年的苦战，费边终于击败了汉尼拔。从此费边主义成为缓步前进、谋定而后动的代名词。费边社即取此意。

② 多元种族主义只是创造了种族平等的假象，因为在包括坦噶尼喀在内的多个被殖民地中非洲人数都占绝大多数，意味着非洲人本应享有主要领导权，而实际领导权都被白人夺去了，这是极不合理的现象。

他的世界视野。

总而言之，当时的英国是一个值得探索的世界中心，它的多元性是尼雷尔通向世界文明的一扇窗。留英经历不仅让尼雷尔对英国这个曾经遥不可及的宗主国有了更清晰的了解，而且也促进了他的世界意识逐渐养成。在领导国内民族主义运动的过程中，他借助世界力量推动民族解放，很可能是受这种世界格局的引导。《孙子·谋攻篇》有言："知彼知己，百战不殆。"尼雷尔反抗英国殖民统治的努力取得成功，一定程度上也得益于留英期间对英国的深入了解。

## 二、抗英：民族独立之先锋

对坦桑尼亚而言，尼雷尔最重要的身份，是建国之父。要不是他的远见卓识，英国殖民政府就不会在短时间内结束统治，民族独立也不会在十年内得以实现。民族独立之先锋的称号，非他莫属。总的来说，反抗英国殖民统治，他的功绩有三。

其一，他是反抗英国殖民统治的组织者。良好的组织是事业成功的基石。尼雷尔的首要贡献就是组建了一个非洲人的政党——坦噶尼喀非洲民族联盟（Tanganyika African National Union，简称"坦盟"），通过团结所有坦噶尼喀非洲人，形成和英国殖民政府的官方对峙。

英国与坦噶尼喀之间的统治与被统治关系由来已久。1920年，坦噶尼喀成为英国的委任统治地[①]，1946年起英国成为坦噶尼喀托

① 委任统治制度，是指国际联盟将第一次世界大战战败国的海外殖民地和属地分别委任给有关国家统治的制度。国际联盟依其盟约将战败国奥斯曼帝国和德国战前所属殖民地按当地社会、经济及地理状况分别委任给英、法、比、澳、新、日、南非等国实行不同形式的统治。坦噶尼喀在一战之前是德国的殖民地。

管国。[1]名为托管，实为殖民，因为尽管让坦噶尼喀实现自治和独立是英国在联合国大会上的许诺，但兑现之期未曾言明。一方面，温斯顿·丘吉尔心存幻想，希望大英帝国千年长盛；另一方面，联合国托管理事会敷衍塞责，连结束托管和民族独立的时间表都没有明确规定。允诺不诚，规定不明，野心帝国趁机拖延，并拖延成性，若没有力量打破这种惯性，坦噶尼喀或将永无翻身之地。这便是坦噶尼喀独立前的困境。

最初，尼雷尔寄希望于殖民政府，期盼它能真正为非洲人谋求福利。1953年4月，尼雷尔当选坦噶尼喀非洲人协会（Tanganyika African Association，简称“坦协”）主席。它不过是由坦噶尼喀非洲中产阶级和商人等组成的具有茶话会性质的社会组织，以讨论和反抗英国殖民政策、维护会员利益为目的。对于这个民间组织，英国殖民政府却下狠手。尼雷尔当选不久，英国殖民当局就严令禁止公务员加入坦协。这意味着，特文宁政府在刻意打压非洲人组织，剥夺了它成为为非洲人争取权益的官方组织的可能性。

即使这样，这时的尼雷尔仍对殖民政府抱有一丝幻想。一年后的5月，尼雷尔被殖民政府任命为临时立法会议（Legislative Council）委员，他欣然接受了这个任命。但他并没有因为这份工作可以让自己拥有一份大多数非洲人都没有的稳定收入就对殖民政府唯唯诺诺、言听计从。相反，他将其视作批判政府和为非洲人争取利益的一个机会。他首先抨击了教育制度对非洲人的不公平，接着还想对公务员的涨薪报告大加批判。然而，还没等发出批判的声音，他就被特文宁政府撤销了职位。因为在他们看来，继续让与殖民政府背道而行的尼雷尔留于其位，无疑是给政府埋

---

[1] 《联合国宪章》规定，第二次世界大战结束时尚未独立的前国联委任统治制度下的领土被置于托管制度之下；同时规定，托管制度的基本目的之一是增进该领土居民“趋向自治或独立之逐渐发展”。

下了一颗定时炸弹。

英国殖民政府前打压后撤职的一系列行为让尼雷尔大失所望。这时候他终于如梦初醒并深深地意识到，英国殖民政府不可能以广大非洲人的利益为重，最多是顾及一小部分非洲精英，并拉拢他们作为管理非洲民众的统治工具。至此，他对英国殖民政府抱有的所有幻想全部破灭，他毅然决然地开始走上一条依靠非洲人奔向民族独立的道路。从这里我们可以看出，尼雷尔并不是一个为了享受民族精英的优渥待遇而贪图一己私利之人，他的心中始终装着非洲民众，要为广大非洲人的权益而战斗。

痛定思痛，尼雷尔终于下定决心：只有成立属于非洲人自己的政党才是非洲人的出路。于是，1954年7月，坦噶尼喀非洲民族联盟成立，它由坦噶尼喀非洲人协会发展而来，32岁的尼雷尔任主席。它以实现坦噶尼喀自治和独立、建设民主政府为目标，向坦噶尼喀所有非洲人开放，每一个非洲人都可经申请成为盟员。此时的坦盟已不再像坦协那样是一个民间组织，而是一个致力于取得政权的政党，非洲性是坦盟的根本特征。这些特征决定了尼雷尔所领导的民族独立运动的出发点：正当而全面。

正是由于这个原因，坦盟迅速扩张，到1955年8月，仅一年时间，就发展了10万个盟员。[20]两年之后，到1957年，坦盟发展迅猛，人数高达50万。坦盟规模发展如此之快充分证明了它的深得人心。团结一切可以团结的内部力量，为广大非洲人的权益而斗争，这就是尼雷尔作为民族独立先锋的头等功绩。

其二，尼雷尔不仅成立组织，团结内部，而且身先士卒，只身前往联合国，疏通外部。

自1920年坦噶尼喀成为英国的委任统治地以来，本应由联合国托管理事会负责的坦噶尼喀被英国一手遮天，坦噶尼喀非洲人与联合国的联系被英国掐断。1954年8月，坦盟成立一月之时，一支由联合国托管理事会四人组成的代表团访问坦噶尼喀。面对代表团的托管审查，殖民政府企图使用惯用伎俩，蒙混过关。因此，英国殖民政府总督特文宁向代表团保证不存在任何非洲人组织，而尼雷尔和坦盟则想冲破英国的阻挠，让联合国使团了解坦盟。

坦盟与联合国代表团是怎么联系上的，我们不得而知。但是当尼雷尔代表坦盟终于与使团见上面时，他立即将事先早已与坦盟民族执行委员会（National Executive）拟好的备忘录交给了代表团。备忘录明确了以下几点：

> 要立即进行民主选举；组成立法会议的种族平等代表制只能是暂时的，坦噶尼喀非洲民族联盟成立的目标是建立一个完全民主的非洲国家；谴责不平等的教育和经济机会，宣布英国经济援助的不充分性，并请求联合国取而代之。[21]

在这份备忘录中，坦盟一方面让联合国代表团了解了坦盟作为非洲人的政党的性质和主张，确立了本组织的合法性和正当性，为之后推进国内民主选举做了铺垫；另一方面首次代表非洲人民在国际组织面前表示了对英国殖民政府的不满。

之所以“请求联合国取而代之”，是因为在尼雷尔看来，联合国托管理事会才是坦噶尼喀的上级组织。只是英国多年从中作梗才导致坦噶尼喀与联合国之间的联系断裂，才使得坦噶尼喀的民族自治遥遥无期。因此，尼雷尔要修复这一关系，并让联合国看到英国殖民政府的阳奉阴违，并阻止他们的为所欲为，从而把坦噶尼喀的独立真正扳回正常轨道。

在国内，坦盟团结非洲人不断推进民主选举；国际上，尼雷尔借助联合国力量向英国施压。国内与国际一盘棋，尼雷尔留学回国后的世界意识正是体现在此。

尼雷尔和坦盟此举赢得了国际性的关键支持。访问一结束，联合国就发布报告，该报告强烈批评了英国的政策，尤其提到种族歧视的甚嚣尘上，同时他们对英国明确规定：英国政府应该在25年内兑现让坦噶尼喀实现独立的诺言。从此坦盟和英国殖民政府之间的矛盾迅速激化，借助联合国力量反抗英国殖民的序幕终于拉开。

尼雷尔分别于1955年初、1956年12月和1957年夏天三赴位于纽约的联合国总部寻求国际支持。

1955年初，尼雷尔在克服了殖民政府“不准假”，抵美后被限制行动以及只能住在离联合国8个街区远的地方等多重阻挠后，终于站到了联合国托管委员会[①]面前，这是他第一次代表坦盟在联合国讲话。尽管他经历了帝国主义的围追堵截，但突破重围的他毫不惧怕，而是在发言中大胆地将英国殖民政府的丑陋面目暴露在国际舞台的聚光灯下：

> 坦盟派我到这里来，是因为（联合国）访问团的报告一经发表，欧洲人的新闻媒体就对（坦噶尼喀）所有的社区施加压力，要求（坦噶尼喀）社区民众反对该报告，并令人无法忍受地声称，托管地的大多数人都反对报告提出的政治建议。[22]

尼雷尔所指的访问团报告是1954年8月联合国使团结束访问坦噶尼喀后所发布的报告。该报告的本意是敦促英国殖民政府加

---

① 联合国托管委员会是联合国托管理事会召开的会议。托管理事会是联合国的一个主要机构，其任务为监督置于托管制度之下的托管领土的管理。托管制度的主要目标是促进托管领土居民的发展以及托管领土朝自治或独立方向的逐渐发展。托管理事会由安全理事会的五个常任理事国组成。

快坦噶尼喀的独立进程，因此自然是当地非洲民众大为欢迎的。然而，英国殖民政府怂恿自己的新闻机构制造假新闻，即报道非洲民众反对联合国报告的独立提议，从而表明英国殖民政府统治是为非洲民众所支持的。这是殖民政府为推迟结束统治进程而从事的欺骗行为。尼雷尔的发言，正是揭露了英国殖民政府的欺骗行为，起到了曝光英国殖民政府阳奉阴违行为的目的。

尼雷尔紧接着义正词严地阐明了非洲人的立场：

> 尽管坦噶尼喀是一个多元种族国家，它未来的政府应当以非洲人为主。只有托管理事会和殖民政府作出这样的陈述，才能真正让我们坦噶尼喀人民满意，一旦我们得到这个保证，其他的一切事务就只是琐事了。[23]

颇富戏剧性的是，一支由欧、亚、非三种人组成的特文宁政府代表团也出现在这次会议上，而欧洲人查尔斯·菲利浦是唯一的发言人。他特意强调专为提升非洲人民生活品质的某些政策，企图掩盖坦噶尼喀种族隔离的事实。

尼特交锋，孰是孰非？

要知道，联合国的官员们早已习惯了英国殖民政府蛊惑人心的陈述，非洲人的声音无从听到。尼雷尔的爆料和诉求如平地惊雷，至少让联合国托管理事会的成员为之一惊。而为了避免节外生枝，英国还指使美国提出无理要求：尼雷尔发言后24小时之内必须离开美国。

尽管受到层层阻挠，停留极为短暂，尼雷尔还是达到了他的目的：让联合国听到非洲人的真实声音，看清英国人的真实面目。英国和殖民政府怎么都不会想到，在尼雷尔平静的外表下竟藏着一只攥紧的铁拳，猛然锤向英国政府的阳奉阴违。也正是经过这次会议，英国政府不得不收敛自己的虚伪做派。

由此可见，在反抗英国殖民统治、争取民族独立方面，尼雷尔是不惧困难、敢于发声的先锋派。

随着独立的推进，尼雷尔向联合国托管理事会所提要求也日益明晰。1956年12月，尼雷尔第二次出现在联合国，重申了向英国工党提出的要求，包括民主政体、非种族主义，同时提出坦噶尼喀的独立必须在10年内实现。联合国接受了尼雷尔所提的核心原则，并要求英国在对坦噶尼喀的文件中包括以下这条与托管条例一致的原则：领土将在英国引导下实现自治或独立，并将成为一片所有居民都享有平等权利的领土。[24] 1957年夏天，尼雷尔第三次前往联合国，在托管理事会第五次委员会上，尼雷尔要求英国政府作出明确表态：坦噶尼喀将要发展成为非洲人的国家，立法会议中的一半席位要留给非洲人，用成人选举权代替合格选举权。

尼雷尔稳扎稳打，步步为营，外交斡旋，效果显著。

1957年下半年，特文宁政府立法会议决定未来代表将由选举产生，并决定选举分为两轮，每轮覆盖五个选区，分别于1958年9月和1959年9月进行。因此，坦盟有了进入立法会议的“入场券”。尽管在选举出来的立法委员中依然存在种族不平等，但是在尼雷尔看来，选举相比之前的任命制已是巨大进步。在第一场选举中，坦盟以三分之一的比例占领了所有非洲人席位。在第二场选举开始前，尼雷尔的策略是寻求欧裔和亚裔的支持。而在这时，英国殖民政府也发生了很大变动，原总督特文宁离任，新总督理查德·特恩布尔（Richard Turnbull）上任。帝国缔造者中最后一个人物黯然退场，而迎来的是温和得多的特恩布尔，他将本应下一年9月举行的选举提前到2月。坦盟在这场选举中不负众望，以压倒性的优势打败了联合坦噶尼喀党[1]（United Tanganyika Party）赢得了大多数席位，随后，在1960年的大选中再次获胜。这意味着坦噶尼喀重新回到非洲人的手中。第二年12月9日，坦噶尼喀终于获得了独立。

5年里，尼雷尔穿梭于联合国和坦噶尼喀之间，从规定25年内独立到10年内实现独立，尼雷尔仅用了一年半的时间就将独立的时间缩短了15年，再到实现独立实际只用了4年左右的时间。他内外结合，纵横捭阖，功莫大焉。这些成果的取得，是他在对外交往方面充分调动国际力量抗击英国的结果。

其三，尼雷尔不仅是坦噶尼喀的民族先锋，而且是非洲反抗英国殖民统治的中坚力量。他动摇了英国在非洲其他殖民地的统治基石，为非洲的独立和统一立下了汗马功劳。

他最突出的功劳表现在瓦解英属中非联邦（Central Africa Federation）上。中非联邦是英国在非洲进行殖民统治的据点。这个英国政府主导的联盟被扼杀在摇篮里，尼雷尔贡献不小。

1953年9月3日，英国保守党把南罗得西亚、北罗得西亚和尼亚萨兰强行合并为“中非联邦”。这意味着，中非联邦是一个英国主导的白人利益至上的联盟，它的出现和存在只会加强英国在非洲的殖民势力，并构成对非洲其他民族独立的强大威胁。尼雷尔瞅准时机，对中非联邦采取了顽强的打击。

1959年，尼雷尔企图说服英国工党阻止中非联邦计划的继续开展。他在说服英国工党领袖休·盖茨克尔（Hugh Gaitskell）的兄弟亚瑟·盖茨克尔（Arthur Gaitskell）时如此表示：

> 如果中非联邦被允许和南非共同存在，那么非洲的未来

① 原特文宁政府组建的政党，该党实行种族隔离制。

和世界族裔间的和谐关系都将从此暗淡。而如果工党也支持事态这样发展下去，非洲人、亚洲人和西印度人都将得出一个共同的结论：所有英国人都一样，英国本身就是多种族社会寻求民主路上的敌人。[25]

工党领袖被尼雷尔颇具思想深度和世界远见的看法深深打动和说服，很快就对该计划予以坚决反对。这动摇了英国政府原本坚决推进中非联邦的决心。英国内部意见不一对中非联邦的影响是关键的，它意味着英国继续控制非洲殖民地的幻想已开始破灭。

这为中非联邦三大地区几乎被扼杀的抗英民族主义运动赢得了宝贵的喘息机会——因为英国殖民地办公室改变了殖民政策。

20世纪50年代，殖民政府普遍打压民族主义运动，他们采取了强制措施以使政治活动进入殖民政府设想的轨道。尤其是在1959年，英国殖民政府不仅禁止非洲人政党的所有活动，而且关押了三个殖民地所有民族主义运动的领导人。由于英国殖民地办公室改变了殖民政策，殖民政府对民族主义运动的立场也随之发生了转变：他们不仅释放了被关押的民族主义运动领导人，而且开始支持民主选举。[26]北罗得西亚联合民族独立党成立，发动群众通过“积极的非暴力行动”争取民族独立。1964年1月北罗得西亚实行内部自治，同年10月24日正式宣布独立，改称为赞比亚共和国。尼亚萨兰于1961年5月举行第一次大选，马拉维大会党获胜，班达出任殖民政府的部长。1963年2月，尼亚萨兰获得内部自治，班达任总理。1963年12月，中非联邦正式解体。1964年7月6日尼亚萨兰取得独立，改名马拉维共和国。中非联邦的瓦解为这三个国家的独立铺平了道路。如果不是尼雷尔挫败了英国的中非联邦计划，这三个国家迅速获得独立的可能性则要微弱得多。

尼雷尔不仅在瓦解中非联邦中起到了作用，而且在保护东非中起到了重要作用。1963年2月，他在坦桑尼亚莫希举行的亚非人民团结大会上说："因为我们在第一次'争夺非洲'中获得了胜利，所以我们进入了一个新阶段——'第二次争夺非洲'的阶段……刚果发生的事件表明，一个殖民国家从前门出去了，但同样的殖民国家或另一些外来势力又可能从后门进来……"[27]当年6月，尼雷尔在内罗毕同肯尼亚总理乔莫·肯雅塔和乌干达总理米尔顿·奥博特会谈：三人宣布同意在年底前建立一个东非联邦。

尼雷尔这么做有两个目的。一是为防范英国殖民势力卷土重来。坦噶尼喀、肯尼亚和乌干达原都是英属殖民地，刚果事件让尼雷尔看到，坦噶尼喀独立后可能依然面临殖民势力卷土重来的危机，他才提出了东非联邦的设想。因此，这一设想也是反抗英国殖民统治的后续举措。作为地区联盟，它可以形成一堵殖民主义和种族主义更难渗透的高墙。二是为彻底解放非洲，保护非洲人民的权益。用他自己的话说，即"采取必要的集体措施把非洲解放出来"。[28]尽管这一计划最后没能成功实施，但东非联邦也是尼雷尔反英殖民统治的设想之一，值得一提。

整个非洲统一起来，共同对抗英国和其他国家的殖民统治势力和种族主义，是尼雷尔的目标之一，只是这个目标任重而道远。因此，尼雷尔从小范围的统一做起，东非联邦、坦噶尼喀与桑给巴尔的联合都是尼雷尔为实现这个目标所做的努力。

尼雷尔曾言：

> 我们坦噶尼喀人想要点燃一支蜡烛，并把它放在乞力马扎罗的山顶上，让光明普照到我们的国境线以外，对感到失望的地方给予希望，对相互仇视的地方给予热爱，对只有耻辱的地方给予尊严。[29]

作为一个极其贫穷的国家，坦噶尼喀的未来走向对于英国议会成员来说无关紧要，但是，它的独立对其自身、邻国和其他英属殖民地而言却颇为关键。[30]民族解放事业不仅是坦噶尼喀一个国家的事情，也是整个非洲的事情。尼雷尔一马当先的行动所产生的效果就是，引世界关注，撼殖民根基，从而有效推动了非洲的民族解放事业。这正是这位民族独立先锋所产生的积极影响，从中也体现了他心怀非洲的广阔胸襟。

## 三、求英：得失参半的领袖

从留学时起，尼雷尔就成为费边社会员，从而得以与英国工党的诸多成员相交不浅。这层关系为尼雷尔后来寻求英国的支持和帮助带来许多便利，只是求助并非事事如意，尼雷尔由此也体验到了外交关系之复杂多变。或得或失之间，世界冷战局势下这位第三世界国家领导人的尴尬处境，可见一斑。

尼雷尔求助英国的首要之事是游说工党反对执政党保守党的殖民野心与计划。

1955—1959年，尼雷尔先后不下五次赴英与工党费边成员见面。他清楚地知道，尽管联合国可以向英国施压，但英国政府对于联合国的督促也完全可以只做表面功夫，敷衍了事；坦噶尼喀的民族解放能否真正落实，最终还是取决于英国政府。因此，他充分发挥自己的外交才能，不断访问英国尤其是拜访工党成员。虽然此时的工党处在在野党的位置，但仍可以自由地对政府的政策进行指责和抨击，在议会内外牵制和监督保守党的活动，从而影响政府的政策。这意味着，工党也能从中斡旋，在撼动英国政府殖民的决心和改变英属殖民地政策方面发挥一定的作用。

尼雷尔选择工党，主要是看重工党对执政党殖民政策的反对态度和对非洲的同情心。这段时间的执政党保守党如铁板一块，根本不给尼雷尔下手机会。其内部具有严重的帝国情结，根本不愿意放弃对帝国的所谓“责任”。1951年11月，丘吉尔再度出任首相后曾发表言论：“我们首要的目标就是统一并巩固联邦与帝国遗产。”[31]而此前，工党政府推行的是“以联邦代替帝国”的“非殖民化”政策。作为一个在资本主义社会中生存发展的左翼政党，工党的发展深受拉斯基思想的影响——强调维护普通民众的基本生存权和自由权，强调国家对社会中下阶级的普遍利益具有不可推卸的责任和义务。“公民追求的是幸福，对他来说，国家只是一种为使公民获取幸福而存在的制度。”[32]比利时社会主义者J. 德格吕特尔也评价英国工党“不那么咄咄逼人地拘泥于理论，但更富有人道主义的创造性……它知道社会主义并不是单纯的经济问题，而同时也是一个伦理和心理问题……它还明白人的因素将永远起着最重要的作用”。[33]关注人的福利，注重社会公平和谐，在二战后政治的发展过程中，工党总的发展导向是通过一种渐进的改良逐步消除资本主义产生的各种弊端，尽量实现经济繁荣和社会平等公正。这种对平等公正的追求也包含了对非洲人的同情心和去殖民化的理念，尼雷尔正是瞅准了工党的这一理念。

这期间他游说的工党成员包括以下这些：

吉姆·格里菲思（Jim Griffiths）：历任工党政府负责殖民事务的秘书，英联邦和殖民事务的反对党议会前座发言人，工党副主席；

亚瑟·克里奇·琼斯（Arthur Creech Jones）：工党政府负责殖民事务的书记，下议院议员；

奈·贝文（Nye Bevan）：英联邦和殖民事务办公室议会前座发言人；

罗恩·海沃德（Ron Hayward）：工党南方地区的基层组织者，后成为工党总书记；

安奈林·贝文（Aneurin Bevan）和休·盖茨克尔（Hugh Gaitskell）：工党领袖；

亚瑟·盖茨克尔（Arthur Gaitskell）：工党领袖休·盖茨克尔十分敬畏的兄长。

这些人物中，不仅有位高权重如英国工党领袖者，又有工党基层组织者，向上影响殖民政策的顶层决策，向下学习政党如何组织。尼雷尔统揽全局，精细思量，可谓周全。

再来看看，他具体所求为何事。

1955年初，尼雷尔为对殖民事务尤感兴趣的英议员详细解释了坦盟的目标和目前存在的问题，也得到了英议员的全力支持。

1956年9月，尼雷尔到伦敦向工党领袖控诉多元种族联合坦噶尼喀党的独断专行，重申坦盟的宗旨目标，并为坦噶尼喀人争取更多教育机会。同时在黑潭市参加了工党年会并做了发言；他还去了英格兰南方地区拜访了工党的基层组织，借此机会观摩学习了有关选区会议组织、办公室事务安排、党员招收、经济审计和宣传计划等方面工作。[34]

1956年12月，尼雷尔从纽约再次前往英国，向工党提出在坦噶尼喀建立民主政体和实现非种族主义的主张，同时提出坦噶尼喀的独立必须在十年内实现。工党的态度让他十分安心，因为工党领袖安奈林·贝文和休·盖茨克尔对英国政府领导人的口是心非和对帝国的怀旧情绪大发雷霆。

1957年夏天，尼雷尔第三次访问联合国后四赴英国，意在向工党表达，希望英国政府明确承认：坦噶尼喀将要发展成为非洲人的国家，立法会议中的一半席位要留给非洲人，用成人选举权代替合格选举权。

1959年可谓坦噶尼喀的黎明前夜，尼雷尔五往英国，说服了工党领袖休·盖茨克尔的兄弟亚瑟·盖茨克尔反对中非联邦，从而间接让工党在该问题上保持关键的反对意见。中非联邦紧邻坦噶尼喀，这个白人主导的中非联邦的行将破产，意味着尼雷尔借助工党为坦噶尼喀的独立清除了外患。[35]

五赴英国，尼雷尔所求之事都涉及如何游说工党，影响殖民决策从而助力民族独立运动，与他在联合国的申诉环环相扣，稳步地推进了独立进程。

第二次向英国求助是因坦桑尼亚的军事政变而起。相比民族解放时期求助英国的如虎添翼，这次求助对尼雷尔而言，则实属无奈。虽然他感激英国军队出手相助，但这也是他建立非洲化军队和实现国家自力更生的原因。

1964年1月20日，坦桑尼亚军队发生兵变。由于坦桑尼亚的军队一直是由英国人领导，非洲士兵感到自己的利益受到了损害，企图通过兵变来表达自己的不满。兵变规模不大，由30来个士兵挑起，发展至2个营兵变，致使17名士兵和平民死亡。

尼雷尔最开始非常不愿意向英国求助，但由于领导层束手无策，又鉴于此次兵变可能存在反政府的阴谋，他才不得不请求英国军队援助。于是，在兵变发生第六日，60名英国海军陆战队突击队员到达兵变发生地科利托，仅用了1小时10分钟就控制了兵变。

这次兵变暴露了坦桑尼亚的脆弱：不到40人的兵变竟然需要外援才能解决。而兵变发生的原因也暴露了同样的问题：坦桑尼亚的军队亟须非洲化。

尼雷尔在反思这次兵变时提道：

> 这是双重的耻辱——被我们自己人叛变的耻辱，以及招

来英国人的耻辱。对我来说，这是很清楚的——英国人在这里逗留的时间越短越好。[36]

因为英国所谓的外援更多的是展示一种想要继续控制坦桑尼亚的欲望。尼雷尔敏锐地意识到了这一点，也意识到，英国人完全拥有控制坦桑尼亚的军事能力。因此他也愈发坚定地认为，自力更生，而非屡求于英，不仅是兵变带来的启示，也是独立后的坦桑尼亚应为之事。正因这一事件，对于1964年3月英国英联邦关系部大臣桑迪斯访问坦噶尼喀时提出的为坦桑尼亚提供“军事援助”[37]的提议，尼雷尔断然拒绝，并进一步明确要建立一支属于自己国家的军队。之后，利用这次契机，他进一步削弱反对派力量，消灭了所有的反对派，比较彻底地肃清了殖民主义的残余。他通过非洲化和政治化武装部队，使之成为执政党贯彻其政策的有力工具。[38]

依赖英国外援远非长久之计，一国之强大，不仅需要政治上的独立自主，军事、经济等的独立也尤为关键。民族独立后如何实现稳健发展，是摆在这位国父面前的巨大难题。而这也似乎为尼雷尔与英国关系的由好转坏埋下了伏笔。

第三次求英是为修建坦赞铁路。同是1964年，尼雷尔和赞比亚总统卡翁达（Kenneth David Kaunda）向英国求助修建坦赞铁路，但英国以实力不济为由迟迟不愿采取行动。1965年9月21日，在美国推动下，英国与加拿大同意各出资75000英镑，对铁路进行联合勘测。此时，工党在经历保守党的13年连续执政后终于上台。跟尼雷尔向来交好的工党手握执政大权，尼雷尔认为英国政府十有八九会满足他的请求。然而，事与愿违，此事从此之后，毫无下文。

我一度跟西方世界的关系很好，那个时期认为它最讲道理。但在建设上我们得到了些什么呢？他们在援助别的国家进行建设的问题上是很少以慈悲为怀的。[39]

对待工党，尼雷尔向来是非常信任和坦诚的。可令他没想到的是，此时的工党早已非同往日。

拒绝给他援助是因为英国有自己的立场，而尼雷尔的一系列举动与之背道而驰。首先，英国有自己的“帝国美梦”。要知道，工党的去殖民化并不是完全出于人道主义，其中也有它出于“帝国”目的之特殊考量，即企图通过英联邦延续曾经的帝国美梦。早在1949年工党执政期间，内阁一份档案中就提道：“英国殖民政策的目标很简单：就是引导殖民地在联邦内走向自治。”[40]也就是说，工党有“努力将英帝国向联邦发展方向引导，实行用联系密切的英联邦代替帝国的政策，以此维护战后英国的地位和在原殖民地的经济利益”[41]的想法。其次，冷战环境中，英国处于西方阵营，它也希望坦桑尼亚追随其步伐。然而，此时的第三世界国家普遍推行不结盟政策，尼雷尔带领的坦桑尼亚也在其中。因此，不难看出，尼雷尔寻求独立自主的决心和与社会主义国家的接触触犯了英国的“帝国”利益，所以尼雷尔的请求被工党断然拒绝也就不难理解了。

求英的得与失之间，尼雷尔对英国有了新认识：乐于提供军事援助，英国是企图以军事方式控制坦桑尼亚；不愿在国家建设上伸出援手，是不愿坦桑尼亚真正实现独立自主，更不愿为坦桑尼亚人乃至非洲人谋发展。如此看来，没有永远的友谊，只有永远的利益。在利益面前，尼雷尔与工党的长久交往关系也败下阵来。在此，国家建设阶段坦桑尼亚在大国面前的弱小无助也体现了出来。尼雷尔的真诚与信任，在利益至上的大国政党面前，显得弱小无力。

## 四、批英：矛盾的道义坚守人

坦桑尼亚独立以后，就非洲其他国家的种族问题，尼雷尔在国际社会上与英国多次直接交锋，以捍卫非洲人民的平等与自由，实现非洲的统一。

期盼一个世界性政府来为非洲人民解决更多问题是尼雷尔的愿望：

> 有必要在本世纪建立一个世界性政府……正如弱者应在短期内从人类社会组织获取得更多一样，弱小国家短期内急切需要一个世界性的组织……[42]

只是在这样的政府出现之前，他一个人似乎在孤军奋战，为非洲的公平和正义而英勇战斗。

首先是就英属中非联邦问题，尼雷尔多次批评过英国。早在留学期间，尼雷尔就对英国政府发布的南北罗得西亚和尼亚萨兰联盟表示强烈抗议。1959年，如前所述，尼雷尔也借工党之力反对中非联邦。

中非联邦正式解体后，1964年，南罗得西亚白人右翼势力组成以白人伊恩·史密斯（Ian Smith）为首的政府，并于1965年11月宣布独立。12月，由于作为宗主国的英国没有采取有效行动制止由少数白人控制的南罗得西亚政府宣布独立，尼雷尔宣布与英国断交。尼雷尔不是没有给英国处理问题的时间，早在这年6月在伦敦举行的英联邦总理会议上，尼雷尔就代表坦桑尼亚批评英国，表示不同意会议有关南罗得西亚的决议。至9月，尼雷尔表示如果英国与以伊恩·史密斯总理为首的南罗得西亚政府谈判独立问题的话，坦桑尼亚就将退出英联邦。最终结果让尼雷尔备感失望。12月12日午夜，坦桑尼亚宣布与英国正式断交，几内亚、马里、埃及、加纳等八个非洲国家纷纷响应。尽管这意味着坦桑尼亚不仅会丧失英国现有的援助，一笔750万英镑的贷款协议也将取消，尼雷尔却毫不迟疑。在他看来，抵制种族主义和捍卫非洲统一，至高无上。要知道，由少数白人控制的南罗得西亚很可能会和南非、葡属安哥拉和葡属莫桑比克结盟，这势必威胁到其他由多数非洲人主导的国家。

建设国家与捍卫非洲统一，孰轻孰重？不难看出，尼雷尔更偏重后者，他绝不会因为和英国的利益关系而反悔之前的“断交威胁”。

> 这样全世界可以懂得我们说话是算数的。否则他们会说，“那些非洲人是不可信任的，你永远不知道他们说‘是’的时候是否意味着‘是’”。[43]

不图眼前利益，守信用，以非洲统一为己任，尼雷尔身上的确有矢志不渝的理想主义者之风范。在旁人看来，尼雷尔可能有些冲动的特质，而以退出某种约定相威胁来达到自己的目的也是他的常用手段。但从南罗得西亚事件来看，其所谓的冲动并不是一时兴起，而是有意为之。由此可以看出，尼雷尔捍卫非种族主义理念和统一非洲的大局观、大决心和大道义。

针对南非[①]问题，尼雷尔两次批评英国。南非白人当局长期在

① 南非在历史上曾为英国殖民地。1961年5月改名为南非共和国。在白人统治时期长期在国内以立法和行政手段推行种族歧视和种族隔离政策。直到1994年，南非才终止了种族隔离制度并通过保障黑人权利的法案，后重新加入英联邦。

国内以立法和行政手段推行种族歧视和种族隔离政策，先后颁布了几百种种族主义性质的法律和法令。1961年3月，在伦敦举行的英联邦总理会议上，尼雷尔反对南非加入英联邦，同时在英国《观察家报》(*The Observer*)上发文。他声称，投票让南非加入英联邦就等于投票让其他非洲国家离开英联邦。最终，他的斗争取得胜利，南非退出英联邦。

1971年1月，在新加坡举行的英联邦会议上，尼雷尔也就英国向南非出售武器一事进行了谴责。尽管英国首相在会上不愿做出丝毫让步，但随后英国政府发声表明，仅要求保留出售一定数量直升机的权利。事实上，直到1973年4月，这些直升机都没有售出。可见，尼雷尔的批评再次奏效。

南非问题上的两次批英再次印证了尼雷尔的大局观、行动力和无畏气概。

只是，批评英国并不意味着真正与英国一刀两断，因为坦桑尼亚积贫积弱的现实处境使尼雷尔与英国的关系不可能僵持太久。因中非联邦问题断交后不到3年，1968年7月，坦桑尼亚与英国的外交关系即得到恢复。在两国的外交关系恢复以后，1975年底尼雷尔访英，他说坦桑尼亚与英国最艰难的日子已经过去。1979年4月，英国宣布今后将以赠款方式援助坦桑尼亚的发展。

> 1981年3月，查尔斯王子访问坦桑尼亚。1985年3月，尼雷尔总统再次访英，两国签署了经济技术合作协定。英国不仅宣布恢复了原来750万英镑的无息贷款，而且到尼雷尔总统任期结束的1985年，将达到2亿英镑，其中大部分是赠款。[44]

一位西方外交官如是评价尼雷尔："当他下了决心的时候，他就会坚持下去。但同英国断绝关系是没有意义的。他恰恰挫败了他想完成的事情。”[45]批判英国的过程中，统一非洲的理念曾让尼雷尔不惜牺牲英国的大笔援助，但是他又对英国的援助心有戚戚。这正是尼雷尔矛盾的地方。

## 五、结语

总的说来，在尼雷尔一生与英国紧密交织、亦亲亦敌的关系中，英国的多元文化奠定了他的世界意识；反抗英国殖民主义的胜利反映了他世界意识的胜利；而求助和批评英国则稍显复杂，有成功的地方，但也透露出他作为第三世界国家领导人在国家建设中的迷茫与艰难。

不过，在所有非洲领导人中，跨越文化，联通世界，挑战大英帝国，尼雷尔功绩赫赫，堪与比肩之后来者，鲜矣。

**引用文献：**

1. Roderick Watson, “Scottish Literary Renaissance,” *Oxford Dictionary of National Library*, May 24, 2008, accessed June 4, 2022, https://doi.org/10.1093/ref:odnb/95517.

2. Thomas Molony, *Nyerere: The Early Years* (Suffolk: James Currey, 2014), p. 102.

3. Saida Yahya-Othman, Issa G. Shivji and Ng’wanza Kamata, *Development as Rebellion: A Biography of Julius Nyerere, Book One: The Making of a Philosopher Ruler* (Dar es Salaam: Mkuki na Nyota Publishers Ltd., 2020), p. 78.

4. John Hatch, *Two African Statesmen: Kaunda of Zambia and Nyerere of Tanzania* (Chicago: Henry Regnery Company, 1976), p. 27.

5. Saida Yahya-Othman, Issa G. Shivji and Ng’wanza Kamata,

*Development as Rebellion: A Biography of Julius Nyerere, Book One: The Making of a Philosopher Ruler* (Dar es Salaam: Mkuki na Nyota Publishers Ltd., 2020), p. 78.

6. Nyerere to Keith, 19 Mar 1951, CO 981/34, Nyerere J.K. 1.1.1948 31.12.1955, UKNA.

7. John Hatch, *Two African Statesmen: Kaunda of Zambia and Nyerere of Tanzania* (Chicago: Henry Regnery Company, 1976), p. 18.

8. Ibid., pp. 149-162.

9. Nyerere History Book, 2-3, Oct 1950-May 1951, CHE box 3/29, CSAS, University of York.

10. Thomas Molony, *Nyerere: The Early Years* (Suffolk: James Currey, 2014), p. 113.

11. 朱利叶斯·尼雷尔:《尼雷尔文选》(第一卷:自由与统一,1952—1965),韩玉平译,沐涛译校,华东师范大学出版社,2015,第133页。

12. John Hatch, *Two African Statesmen: Kaunda of Zambia and Nyerere of Tanzania* (Chicago: Henry Regnery Company, 1976), p. 26.

13. Thomas Molony, *Nyerere: The Early Years* (Suffolk: James Currey, 2014), p. 143.

14. Ibid., p. 113.

15. Ibid., p. 142.

16. Ibid., p. 135.

17. John Hatch, *Two African Statesmen: Kaunda of Zambia and Nyerere of Tanzania* (Chicago: Henry Regnery Company, 1976), pp. 27-28.

18. Ibid., p. 143.

19. Saida Yahya-Othman, Issa G. Shivji and Ng'wanza Kamata, *Development as Rebellion: A Biography of Julius Nyerere, Book One: The*

*Making of a Philosopher Ruler* (Dar es Salaam: Mkuki na Nyota Publishers Ltd., 2020), p. 85.

20. 威廉·埃杰特·史密斯:《尼雷尔》，上海《国际问题资料》编译组译，上海人民出版社，1975，第91页。

21. John Hatch, *Two African Statesmen: Kaunda of Zambia and Nyerere of Tanzania* (Chicago: Henry Regnery Company, 1976), p. 96.

22. 朱利叶斯·尼雷尔:《尼雷尔文选》(第一卷：自由与统一，1952—1965)，韩玉平译，沐涛译校，华东师范大学出版社，2015，第11页。

23. 同上书，第12页。

24. John Hatch, *Two African Statesmen: Kaunda of Zambia and Nyerere of Tanzania* (Chicago: Henry Regnery Company, 1976), p. 111.

25. Ibid., p. 137.

26. 迈克尔·克劳德编:《剑桥非洲史·20世纪卷(1940—1975)》，赵俊译，浙江人民出版社，2019，第970页。

27. 威廉·埃杰特·史密斯:《尼雷尔》，上海《国际问题资料》编译组译，上海人民出版社，1975，第136页。

28. 同上书，第137页。

29. 同上书，第112页。

30. John Hatch, *Two African Statesmen: Kaunda of Zambia and Nyerere of Tanzania* (Chicago: Henry Regnery Company, 1976), p. 117.

31. British Cabinet Files: CAB129/48, C(51)32, 1951[Z].

32. Harold J. Laski, *Liberty in the Modern State* (London: Faber and Faber, 1930), p. 78.

33. 雅克·德罗兹:《民主社会主义1864—1960年》，时波译，上海译文出版社，1986，第300页。

34. John Hatch, *Two African Statesmen: Kaunda of Zambia and Nyerere*

*of Tanzania* (Chicago: Henry Regnery Company, 1976), p. 111.

35. Ibid., pp. 136-137.

36. 威廉·埃杰特·史密斯:《尼雷尔》，上海《国际问题资料》编译组译，上海人民出版社，1975，第185–186页。

37. 裴善勤编著:《坦桑尼亚》，社会科学文献出版社，2008，第559页。

38. 杨双:《非洲·坦桑尼亚：坦噶尼喀科利托兵变》，载杨双总主编《各国事变大史典——世界政变兵变综览》(下)，安徽人民出版社，2003，第1472、1474、1476–1478页。

39. 威廉·埃杰特·史密斯:《尼雷尔》，上海《国际问题资料》编译组译，上海人民出版社，1975，第257页。

40. British Cabinet Files: CO875/24, no8, 1949.

41. 刘广斌、宋飞:《二战后英国非殖民化政策的演变(1945—1964)》,《广西社会科学》2003年第1期，第145页。

42. 朱利叶斯·尼雷尔:《尼雷尔文选》(第一卷：自由与统一，1952—1965)，韩玉平译，沐涛译校，华东师范大学出版社，2015，前言。

43. 威廉·埃杰特·史密斯:《尼雷尔》，上海《国际问题资料》编译组译，上海人民出版社，1975，第233页。

44. 裴善勤编著:《坦桑尼亚》，社会科学文献出版社，2008，第559页。

45. 同上书，第222–223页。

# 第四章　尼雷尔与坦桑尼亚

于岫冰*

1999年10月14日，坦桑尼亚的“国父”尼雷尔辞世。此后，这一天就具有了特别的意义，被命名为坦桑尼亚的“尼雷尔日”。每一年的这一天，全国上下都会举办盛大的纪念活动，不仅如此，“尼雷尔日”还被定为坦桑尼亚的法定假日。这种缅怀力度已然是至高的殊荣，尼雷尔对坦桑尼亚的重要性不言而喻，国民对他的深厚感情可见一斑。

尼雷尔在坦噶尼喀被英国“托管”之际，促进了坦噶尼喀的独立，而后又引领了坦噶尼喀与桑给巴尔的联合，成立了坦桑尼亚联合共和国。还是尼雷尔，在国家百废待兴之时，带领人民谋求民族的自由、平等与发展，探索了坦桑尼亚特色的乌贾马社会主义。他的行动和思想深深地影响了坦桑尼亚的发展，他无可指摘的人格品性也成为全民的表率。人们尊他为坦桑尼亚的导师。

从坦桑尼亚建国到发展初期这几十年中，尼雷尔起着中流砥柱的作用，对国家产生了深远的影响，是坦桑尼亚当之无愧的国父。

---

* 于岫冰，北京大学外国语学院世界文学研究所博士研究生，研究方向为英语世界文学、传记文学。

## 一、和平独立的领导者

坦桑尼亚联合共和国于1964年成立，由两部分组成：位于非洲大陆的坦噶尼喀和位于印度洋中的桑给巴尔群岛。在总面积为94.5万平方公里的国土中，桑给巴尔群岛仅有2657平方公里。在尼雷尔于1964年当选坦桑尼亚第一任总统之前，他有一项更为艰巨的任务，就是引领当时还是英国"托管地"的坦噶尼喀走向独立。

坦噶尼喀在二战后特殊的"托管地"处境使它具有和平独立的条件。但是，和平独立的争取仍是一场漫长艰难的战争，仍需要一个领导者。而在当时，尼雷尔是领导这场没有硝烟的战争的不二人选。

坦噶尼喀曾经是德国的殖民地。两次大规模的反德起义，即"赫赫起义"与"马及马及起义"，都遭到了残酷镇压。一战后，英国打败德国，接手统治。二战后，经联合国决议，坦噶尼喀成为英国管辖的托管地，这意味着坦噶尼喀持有独立的权利，最终是要脱离英国政府的。1954年，联合国视察委员会劝告英国政府在20年到25年内允许坦噶尼喀独立。此外，坦噶尼喀积贫积弱，并不是一块"大肥肉"，英国人偏重直辖殖民地肯尼亚，对托管的坦噶尼喀也没有那么重视。因此，就内部而言，"当地不存在强大的既得利益集团支持保留殖民主义或特权"。[1]更为关键的是，斯瓦希里语几近全境通用，这就扫清了语言区隔的障碍。同时，在部族势力方面，"没有一个部落能够在规模、财富和教育方面控制其他部落"。[2]如此一来，攘外，武装革命不是必需；安内，部族主义有残余，但还无力阻碍内部统一。因此，和平独立可行。

对于坦噶尼喀来说，和平独立不仅可行，从某种程度上来讲，也是唯一可行的独立方案。当初，马及马及起义群情激愤，最后却遭到德国更为惨烈的镇压。武装起义的后果，贫弱的坦噶尼喀承担不起，也很难取得胜利。在这种时候，渴求独立自治的坦噶尼喀最需要的，不是一位征战沙场的将领，而是长于内部管理与对外交涉的领导者。所以，在非洲随处可见武装变革的大背景下，坦桑尼亚最后选出的是最适合这项工作的尼雷尔。

那么如何有效并尽快取得和平独立呢？显然，与英国当局直接交涉是无用功。让英国提前放手，毫无道理。坦噶尼喀虽然不是富得流油，但也并非无利可图。比如，为了缓和战后粮食和工业原料稀缺的境况，英国在坦噶尼喀建立了许多剑麻种植园。[3]

因此，坦噶尼喀需要一位代表，去和联合国交涉，加快坦噶尼喀独立的脚步。这项任务非尼雷尔莫属。

首先，尼雷尔的出身使他对本国国情有切身的了解，又身处利益竞争的旋涡之外。尼雷尔出生于穆索马的布提亚马村，父亲是当地的酋长。尼雷尔从小耳濡目染，无论是对部族的生活习俗与传统，还是对政治组织与管理，都有充分的体悟。此外，他所属的扎纳基部族①是坦桑尼亚126个部族中最小的部族之一，在全国1300万人口中不过占3.5万到4万人。[4]他若是来自大部族，易招致猜忌防备，日后的政治行动未必会如此顺利。一位大部族的前酋长说："他来自一个无足轻重的部族，这个事实使他同大部族很少有关系，因此，没有一个大集团自动地同他对抗。"[5]

其次，尼雷尔于1954年组建了坦盟，展现了出色的组织力、领袖魅力和政治行动力。坦噶尼喀非洲民族联盟（坦盟）的前身，坦噶尼喀非洲人协会（坦协）最初是一个致力于成员交往的社会组织，后期虽开始带有政治倾向，但松散的坦协仍无力承担民族

① 又译扎纳吉、查拉基等。

独立的政治任务。为了坦噶尼喀的独立和自治，尼雷尔与同事于1954年7月7日将其改组为政党组织——坦噶尼喀非洲民族联盟，他被推选为主席。坦盟还有另一种作用和目的，就是“在非洲人中建立一种民族意识……打破人民的部落意识”[6]。尼雷尔的领袖魅力极强，据说他从英国归国之时，许多年轻人自发地拜访他。一位大部族的前酋长这样评价他：“平易近人，能够轻而易举地使别人接受他和他的思想。”[7]坦盟在他的组织下，发展速度迅猛，从1955的10万人发展到1957年的50万人。英国总督对坦盟的崛起睁一只眼闭一只眼，尼雷尔就经常到各个地区自由发表讲话，直到有一个时期，他被禁止向群众集会讲话达数月之久，但坦盟的会议还是允许照常召开。[8]

最后，尼雷尔是坦噶尼喀为数不多的文化精英，能言善道，又负笈英伦，谙熟西方的文化与交往方式，与联合国可以有效地沟通。尼雷尔的辩论能力和政治思考在就读于乌干达的马克雷雷学院时期就已初露锋芒。几年教师生涯后，他又赴英国爱丁堡大学深造，获得硕士学位，大量研读哲学与文学名著。同时，他也是第一位获得硕士学位的坦桑尼亚人。[9]留学期间，他开始与英国工党成员交往。坦噶尼喀教育落后，出国留学更是极少数人才有的机会，像尼雷尔这般勤学多思又学有所成的人，实属凤毛麟角。归国后的尼雷尔被称赞“无疑是坦噶尼喀最好的演说家”。[10]于是，1955年3月，尼雷尔作为坦盟主席奔赴联合国，交涉坦噶尼喀的自治时间。这是成为托管地以来，坦噶尼喀第一次派非洲人前往联合国托管理事会。1954年，联合国视察委员会预期坦噶尼喀在20年到25年内获得独立自治。1957年，尼雷尔在联合国提出要求，希望坦噶尼喀在10年到12年内独立；1959年，他则更进一步提出要求，希望坦噶尼喀5年之内独立。

尼雷尔在联合国多次有力地表达了坦噶尼喀自治、独立、要求选举权等意愿。最终，出乎所有人的意料，坦噶尼喀于1961年就提前获得了独立。这其中自然有大局的影响，整个非洲的解放进程都以迅雷不及掩耳之势发展，但尼雷尔对外交涉，对内宣讲，也功不可没。为了争取独立，他在国内各地巡回演说，足足7年。[11]他的演说才能从以下段落中可见一斑：

> 作为一个民族主义者，要因为我们取得的独立向除了坦噶尼喀人民之外的任何人说声“谢谢”，完全违背我本来的意愿。但是，我们曾经是英国管辖下的托管地这一事实，使得我们能够以自己的方式取得独立，如果我不能公开感激地承认这一事实，那就太不诚实了。正是因为这个原因，我希望在这里向联合国和英国表示我们衷心的感谢，感谢联合国对我们的事务产生的浓厚兴趣，感谢我们原先的管理者、我们现在的朋友——英国。我可以向英国表示祝贺，因为英国也向本国的完全独立和自由迈出了一步。在我看来，如果一个国家使得另一个国家的人民处在不自由的状态，那么这个国家就不是一个完全自由的国家。[12]

这段独立后的致辞既不卑不亢又暗讽英国，还能留足体面。坦噶尼喀的独立一举奠定了尼雷尔的国父之路，不仅是因为尼雷尔有领导独立之功，深得民心，更因为他在这个过程中积聚了巨大的政治力量。尼雷尔领导的坦盟发展到1961年时，在国内政坛已经再无敌手。坦盟的覆盖面极广，几乎无处不在，而坦盟上下又完全遵从尼雷尔的权威和核心。所以，在1961年5月，坦噶尼喀实行“内部自治”之时，尼雷尔无可争议地当选自治政府总理。同年12月9日坦噶尼喀宣布完全独立，尼雷尔又以97%的选民支持率当选坦噶尼喀共和国第一任总统。[13]从此，他的领导地位几乎无可动摇，稳如泰山。

## 二、“乌呼鲁”与“平等”的倡导者

民族的解放与国家的独立仅仅是马拉松的第一步。尼雷尔被尊为“国父”，也离不开他在国家发展初期所作的贡献。他确实像父亲一样，牵引着年幼孱弱的新生共和国，探索理想的发展道路。尼雷尔多思，又在人文领域深耕多年，不相信有现成的道路、终极的办法，只对普世的美好愿景抱有践行的信念：

> 在坦噶尼喀，我们不相信人类已经发现了终极真相——不管是在哪个领域，所以我们也不会假装我们相信终极真相这一理论。我们希望在力所能及的情况下为人类发展作出贡献，但我们不会“声称”说我们有什么解决办法。我们只能声称，我们要在黑暗中摸索前进，向着一个遥不可及，甚至还不能真正理解的目标前进，换句话说，向着一个人类希望的最好的目标前进。[14]

他所谓的那个“遥不可及”的未来愿景没有具象，但有方向。那个前进的方向就是自由与平等的方向，也是他想带领他的国家走去的方向。但对于这片贫穷、积弱、无知的土地来说，自由与平等是太奢侈的景观。尼雷尔愿意播下这些种子，却难以等到花开时节。

坦噶尼喀独立前，尼雷尔常常高喊“乌呼鲁”（Uhuru），也就是“自由”的口号，希望借此激起全国上下的“乌呼鲁”精神，建立具有凝聚力的政治组织，争取民族的解放与坦噶尼喀的完全独立。那时候的“乌呼鲁”很明确、具体，就是完全独立的自由，脱离英国政府的自治自由，这也是当时坦盟的目标。但对于一个国家而言，政治独立并不能等同于自由。坦噶尼喀共和国的确成立了，英国政府也不再有管辖权了，但一穷二白的国家想要完全自主的自由，不依附其他国家，也不被其他国家干涉，又何其艰难？

坦噶尼喀独立后，尼雷尔希望坦噶尼喀独立自强，不被掣肘，保有自主权。可1959年，在一篇名为《我们输不起》的文章中，尼雷尔也坦诚相告："我们最关键的几年将是独立后的头几年。在这开始的几年中，我们迫切需求外援，以便使我们的经济发展到足以成功克服遗留下来的贫穷、疾病和无知……我们对外国投资的需求巨大，因为坦噶尼喀社会结构错综复杂，在尽可能短的时间内提高普通大众的生活水平势在必行。"[15]虽然尼雷尔说的是"独立后的头几年"需要外援，但实际上独立十年后，20世纪70年代的坦桑尼亚收下了至少30亿美元的外援。到了80年代，仅1982年一年接受的援助就高达6亿美元。[16]

尼雷尔并不愿自己的国家依附于援助过活，因为如果一个国家连自立都做不到，又谈何自由？国家不自由，人民又从何拥有自由？更何况国家间的援助大多涉及利益的交换，长此以往，又怎么可能不损伤自主的自由？尼雷尔后来的许多决策都是为了改变这样的困境，比如提倡"非洲的统一与一体化"，推行不结盟政策，推行乌贾马社会主义等，但都收效甚微。

尼雷尔自知坦噶尼喀"贫穷、疾病和无知"的痼疾，势单力薄，难保不被卷入冷战冲突中，所以他呼吁"非洲的统一与一体化"，意图通过建构非洲共同体，积聚足以与大国抗衡的力量。尼雷尔一度将"非洲的统一与一体化"列为外交政策的核心。[17]他深知，"真正能保证普通人的自由，帮助他在自由方面取得进步的不是他的国家的大小，而是国家的力量和权力的大小"。[18]对于众多非洲国家来说，联合与统一会打造一个在国际上更有分量的利益共同体，并且避开帝国主义“分而治之”的陷阱。“我们必须把非洲各个国家当作非洲团结的一种手段，不允许我们的敌人把我们当作分裂非洲的工具。非洲民族主义是毫无价值的，是逆时代而行的，也是危险的，除非它同时也是泛非主义。”[19]

但非洲统一的愿景并不顺遂。1960年，尼雷尔在非洲独立国家会议中甚至表达：建立一个东非联邦是如此重要，如有必要，坦噶尼喀甚至愿意推迟自己的独立，以便同肯尼亚、乌干达同时宣布独立，并立即结成联邦。尼雷尔的发言饱受争议，并没有经过党内的批准，但尼雷尔表示愿意为此承担责任。因为他始终认为成立联邦最好的时间就是在独立的时候，等到独立后再放弃主权就不容易了。[20]尽管尼雷尔作出了巨大的努力，但这一心愿依然没能实现。1967年，肯尼亚、坦桑尼亚、乌干达签署生效的《东非共同体条约》仿佛一道曙光，但很快，1977年，东非共同体就由于内部矛盾而解散。

尽管泛非主义的心愿没有达成，但令人欣慰的是，尼雷尔成功地促成了坦噶尼喀与桑给巴尔的联合。从地图上看，桑给巴尔岛近在咫尺，与坦噶尼喀大陆最近距离只有36公里左右。在联合之前，尼雷尔就时常忧心，认为这将是坦噶尼喀今后最大的问题之一。据他的朋友回忆，尼雷尔曾说：“如果我能够把这个岛拖到印度洋中间去，我一定这样做。”[21]冷战时期，这颗隐形炸弹差点爆炸。当时，桑给巴尔的非洲人发起了对阿拉伯统治精英的武装暴动，谢赫·阿贝德·阿马尼·卡鲁姆（Sheikh Abeid Amani Karume）领导的革命委员会向中国、苏联和东德请求援助。尼雷尔担心桑给巴尔被拖入冷战，急切希望缓解局势。为了避免坦噶尼喀被拉入冷战的漩涡，为了还能保全“独立”追求“自由”，尼雷尔提议坦噶尼喀和桑给巴尔组成联盟。1964年，尼雷尔与桑给巴尔总统谢赫·阿贝德·阿马尼·卡鲁姆达成共识，成立坦桑尼亚联合共和国。只不过，这种联合固然有长久以来的历史地理基础，却也不免有阵痛，依然举步维艰。联合之后的桑给巴尔屡屡让尼雷尔烦忧，两国始终无法真正地一体化，政党也没有统一。直到1977年，坦盟和桑给巴尔的非洲设拉子党才合并成坦桑尼亚革命党，尼雷尔当选为革命党主席。

坦桑尼亚联合共和国于1964年成立，作为第一任总统的尼雷尔继续强调："我们联合共和国政府的首要职责，也是其首要原则，就是维护坦桑尼亚的独立自主，及其自主决定国内外政策的自由。"[22]尼雷尔当初竭力促成与桑给巴尔的联合就是为了坦噶尼喀和桑给巴尔地区的稳定，使国家可以不被冷战局势掣肘，拥有自主的权利与自由。联合之后更是如此，他明白一个国家必须保有自主管理内政的自由。但无可奈何又具有讽刺意味的是，1964年同年，坦噶尼喀发生兵变，尼雷尔却不得不向英军求援镇压。长期的独立斗争中，没有一人丧命，尼雷尔曾深以为豪。但仅仅一个星期的叛乱中，就有至少十七人被杀，这让尼雷尔极为痛心。此次事件的复杂之处还在于："英国是一个深深卷入冷战冲突的国家，在非洲民族主义和奉行不结盟政策的大环境下，英方向坦噶尼喀派兵就有了重大暗示。"[23]在冷战的大背景下，对于坦噶尼喀这种刚刚独立而且国力不强的国家来说，想要贯彻"独立自主"的意图，维持一种动态平衡，实为艰难。事实上，很多时候需要考虑的问题不是"怎样才能不站队"，而是"如何保全自己"。经此一役，尼雷尔决心训练忠诚于本国和政党的军队。随后，坦桑尼亚建立了以坦盟青年团为核心的人民国防军。

1964年兵变的根源众说纷纭，但它与尼雷尔对"平等"的坚持脱不开关系。此次事件也可以看作是国内高涨的种族主义情绪与尼雷尔"人人平等"倾向之间爆发冲突。

坦噶尼喀独立时，民族主义盛行，非洲人民要求翻身做主人，颠覆独立前白种人、黄种人在其上的权力金字塔。但尼雷尔在独立前夕还坚持着平等的公民权，即无论肤色人种，生在坦噶尼喀便是坦噶尼喀公民。不仅如此，他甫一上台，人们就批评他非洲化行动缓慢，在议会保留少数族裔席位等行为。[24]这些政治决策固然有现实的考虑：他在上台当初得到了其他种族集团的支持，并且国家初期发展也离不开国外的人力与财力，但究其根本，也确实来源于尼雷尔对“平等”信念的追求。

尼雷尔心中的理想社会是人人平等且幸福的社会，这也是他试图引领坦噶尼喀和后来的坦桑尼亚发展的方向。他始终强调：“一个社会存在的目的、存在的原因是而且必须是人的个体、他的生长、他的安全、他的尊严和因之带来的幸福……社会存在的理由不是某一个特殊的人，而是与其他所有人都平等的每一个人。”[25]尼雷尔的平等观离不开斯瓦希里语中的“utu”，即人之为人的尊严或人性。人就“是”平等的，就“utu”来说。[26]但尼雷尔也不是空想主义者，他明白在坦桑尼亚急缺技术人才、发展水平极端低下的状况下，“同时解决增加生产和重建人人平等观念的问题”几乎是天方夜谭。[27]工资收入的差距、社会资源分配的差距，暂时都无法遏止——“只有万能的圣徒才能要求这些人放弃高额回报”。[28]

的确，抹除社会阶级的人人平等是乌托邦，但最基本的平等人权总是可以践行的。尽管十分艰难，尼雷尔还是顶着重重压力，推进平等人权的实现。他在担任坦噶尼喀总理后，立刻停止向南非金矿提供坦噶尼喀工人，哪怕这会让百废待兴的坦噶尼喀一年损失50万英镑。[29]他从小在部落中成长，而后皈依天主教，又殚精竭虑引领民族解放，但难得的是，尼雷尔言行一致地与部落主义、宗教主义、种族主义明确地划开了界限。他明明和所有坦噶尼喀的人民一样，在独立自治以前痛恨欧洲人的特权，但这份积怨并没有摧毁尼雷尔对平等社会的向往，而是“保证在未来把我国建设成为一个以道德伦理为根基的国家……在这个伦理中……其中一个‘永远不会’就是我们永远不会因人的肤色而歧视他人。这就是我们的任务”。[30]他努力带领坦桑尼亚走向“一个不同部落、不同宗教信仰的社会团体组成的国家，在这个国家中，一个人的种族并不重要，重要的是他过去做出过多少服务，他能做出多少服务”。[31]从现实来说，百废待兴的国家也需要优秀的欧洲人、亚洲人与非洲人共同建设。在坦噶尼喀进行独立斗争之时，尼雷尔就认为坦盟应该“完全从国家利益出发，而不拘泥于部落问题，抛开部落主义和宗教偏见，构建一个真正的国民意识，建立一个合众国”。[32]独立以后，尼雷尔将“避免成为一个种族主义者或种族组织”当作“坦盟最大的政治问题”。[33]

尼雷尔对任何一种身份都不存有偏见，他希望国民也能意识到：所有人都是拥有平等权利的国家公民。他对平等人权的尊重不仅体现在坚持公民之间的平等，也体现在对自己权力的看轻，对强权的规避，对民主的尊重。

针对与桑给巴尔的联合，尼雷尔曾坦诚相告：

> 我对联合有两手准备。即使桑给巴尔人没有受到坦噶尼喀的排斥，如果他们只是感觉到联合共和国对他们没有什么用处而脱离，而桑给巴尔又是真有这种想法，那么我不可能去杀桑给巴尔人。如果他们自由地参加，他们也可以自由地离开。我们没有征服桑给巴尔。如果他们留在联合共和国内，必须是出于他们自己的自由选择。[34]

这固然是对坦噶尼喀与桑给巴尔间冲突的无奈认识，也反映了尼雷尔对民众权利的尊重。在成为坦桑尼亚联合共和国的总统后，他宣告：

> 坦桑尼亚就是全体人民：人民包括每一个人。任何人都没有权力说："我就是人民。"任何坦桑尼亚人都没有权力说："我知道什么对坦桑尼亚来说是好的，其他人必须照着做。"[35]

尼雷尔希望带领民众向一个人人平等的国家迈进，但独立之初的坦噶尼喀人民因长期被压抑的历史积怨甚重，无法接受尼雷尔在民族主义问题上的处理。最终，1962年，独立后的几个月，尼雷尔主动辞去总理一职。一些人相信他是自愿的，为了专注于坦盟的整改；另一些人相信他是被形势所逼。无论如何，这是聪明的一招。因为他若不这样做，党派就会有分裂的危险，他可能被趁机拽下台去。[36]他主动辞职，却能任命自己亲信的拉希德·卡瓦瓦（Rashidi Kawawa）为新总理。拉希德一面加速非洲化，一面随时准备让位给尼雷尔。

尼雷尔归来之后，明白自己不得不妥协。对于公务员制度非洲化，尼雷尔说：这是"一个必要的政治决定，因为在非洲人社区中普遍缺少自信心……任何革命运动的首要任务就是要重建人民的自信。所以我们很清楚多种族的坦盟永远做不到这一点"。[37]尼雷尔知道这样的安抚是必要的，他只是低估了民族主义情绪的持久性。1964年，不忘其志的尼雷尔觉得时机到了，宣布政府的两年非洲化政策结束，任何种族的坦噶尼喀公民均有平等的工作资格。这项决策遭到了民众强烈的反弹和严厉抨击，也间接引发了1964年的兵变，因为那些士兵们要求撤掉英国军官，并希望陆军立即非洲化。尼雷尔极为失望，危急时刻也想要留下来争辩，问问叛兵们"到底为什么这么干"？他的妻子甚至当场跪下来，求他快点儿逃走。[38]

尼雷尔一生中常常不得不为现实处境让步，也不乏违背信条的行动，但在同期的非洲大陆，像尼雷尔这样的领导人实属罕见。不被私权私欲所诱惑已然不易，更遑论为了理想信条顶住现实压力，心怀普世理想引领国家的发展方向。绿洲里种花，水到渠成，从来都容易。但尼雷尔偏想在荒漠里也种出花来，想让刚刚获得独立的人们看见理想国度的样子，与他一同逐光而行。这块大陆曾饱受长久的欺压与奴役，贫瘠、落后。但尼雷尔努力地向他们描述理想之光，努力地牵引着他们：我们依然要做平等自由的人，要生活在平等自由的国家。

## 三、乌贾马社会主义的推行者

尼雷尔在国家发展初期，不仅指明了理想的发展方向——冀求一个平等自由的国度，也采取了具体的行动改善国家的现状。其中最重要的措施当属乌贾马社会主义。

从坦噶尼喀独立以来，“自力更生”就是尼雷尔的一块心病。独立后的国家当务之急就是发展，但应该如何发展才能自力更生呢？尼雷尔曾隐晦地讽刺当时的冷战双方：“冷战的狂热使得大国急于把类似坦噶尼喀这样贫穷、刚刚独立的国家拉到自己的阵营，因为冷战双方都认为自己建立了完美的社会形态。他们认为，他们的社会如此完美，只需要在世界各地实施这种‘完美社会’就可以了。”[39]

“不相信人类已经发现了终极真相”的尼雷尔并不盲从。他自行探索的结果是，不走苏联社会主义的路，也不走西方民主的路。而是根据非洲自己的传统，寻求一种“包含个人自由与人类需求的新结合体，使每个人在完善个人自身的同时，又能为他所在的社区作贡献，同时从该社区获益”，也就是属于坦桑尼亚特色的乌贾马社会主义。[40]

与尼雷尔的其他决策一样，乌贾马社会主义也来源于尼雷尔的理论思考，决策的背后是他自洽的政治思想。这也是尼雷尔与同期的非洲领导人不同的地方：他受过西方的高等教育，对文学、政治、哲学都有着浓厚的兴趣，擅长思辨又带有理想主义倾向。所以，尼雷尔的决策动机很少来自膨胀的权力欲，也不完全依赖于现实经验，反而总是与他的理论思考、理想信条脱不开关系。

就推行乌贾马社会主义而言，背后的思想支撑有二：其一，是尼雷尔对社会主义的思考；其二，是尼雷尔对民主问题的思考。

尼雷尔选择社会主义的道路，一是为了能在未来实现自由、独立、平等的愿景。他对社会主义学说的理解是："对社会进行深思熟虑的调控以达到人人平等和幸福的目标。"[41]"社会主义的本质，是人们对人人平等概念的实际接受。"[42]二是作为"自力更生"的手段。国民不可能在一个发展不足的社会中得到平等和自由。坦噶尼喀的当务之急是"吃饱饭"。所以，1967年，坦盟全国执行委员会通过的《阿鲁沙宣言》就确定了社会主义与自力更生的政策，纠正重工业的方向，转而重农业。

但尼雷尔并不是要走欧洲社会主义道路，而是要探索坦桑尼亚的社会主义道路，因为尼雷尔认识到两者的根本基础是不同的。欧洲的社会主义将资本主义阶段与阶级矛盾作为进入社会主义的前提，但在非洲社会，"'阶层'或'等级制度'这种思想并不存在，大家庭才是非洲社会主义的基础和目标"。尼雷尔认为："传统意义上而言，非洲社会就是社会主义社会。"[43]传统的非洲社会就是以家族群体为生活单位，在平等的基础上，个体互相扶持，资源均衡分配。"真正的非洲主义者不会把某一阶层的人看作是兄弟，而把另一些看作是天生的敌人……他把所有的人都当作他的兄弟……"[44]所以，非洲的社会主义是"乌贾马"。"乌贾马"这个词，也是尼雷尔深思熟虑后的结果。“首先，它来自非洲的语言，因此突出了社会主义的非洲特色。其次，它的本意为‘一家人’，人们自然而然就会联想到一家人团结互助的寓意。”[45]

坦桑尼亚的社会主义建设正是要基于对非洲传统社会的延续和改造，依据的是乌贾马大家庭的三大原则：第一，兄弟般的互爱互敬，每个人的基本权利都得到保证；第二，所有的基本物质为家庭成员共有和享受；第三，人人必须从事劳动。[46]农民将要一起住在农庄里，作为一个集体来生活与生产。社区成为传统家庭组成的集体，社区的土地、庄稼、商店、工厂都是共有。[47]乌贾马合作村的建立有三个阶段。首先农民集中搬家到水源附近的村子里，并在村子附近种庄稼。然后建立小规模的公共农区，十户一组，共同劳动，分享收成。最后建立公社农场。

尼雷尔对乌贾马的最初设想是完全依靠民众自愿：乌贾马村必须由社员平等管理，由社员做决策，行政官员不得插手。人们必须是自愿加入乌贾马村，也必须是自行管理。这也是尼雷尔认为的公社的本质：“人们必须自己做决定，哪怕是错误的决定。”[48]

从这个角度看，乌贾马村不仅是尼雷尔为现实处境开出的行动处方，也是他的民主思想的载体。因为“允许人民犯错”也是他认为的“民主”的核心构成：

> 民主并不代表着最好的政府，只是人们按照自己的意志为自己选择政府。那么自由进行选择就是民主的本质，当然也包括做出错误选择的自由……人民会做出一些错误的抉择……但没有人会梦想这种抉择应当被别人的抉择替代。民主就是对人类共识的信心……真正的民主就意味着人民将意识到他们所犯的错误，并改变已做的抉择。[49]

乌贾马社会主义建设正是基于传统的非洲社会，尼雷尔认为传统的非洲社会更能体现民主精神。他认为民主政府的必要构成是“商讨、平等与自由，而自由由前两者来体现”。[50]传统的非洲社会正是通过商讨的方式来处理部落事务，并且个人利益与社团利益没有冲突，因为他的社团就是他家庭的直接延伸，小家庭组成大家族，大家族又形成部落。[51]

尼雷尔从始至终都坚持建设民主国家，但他无法认同西方的模式是民主的标准模板。“我们不相信有什么必要抄袭其他国家的制度。我们相信，我们必须制订出我们自己的民主模型。”[52]他认为西方的个人主义倾向太过严重。西方的教育注重权利，而不讲义务。在西方，“义务通常被解释为只须‘遵守法律’。须知这是最低限度！很多骗子确实是遵守法律的”。[53]坦桑尼亚的民主建设需要和“国家伦理”的建设并行。尼雷尔一直强调法制外的伦理建设，因为，“最终维护人民权利、自由及他们所珍惜的事物的，一定是国家伦理”。[54]

在根本上，坦桑尼亚民主依赖于作为一种道德限制的“国家伦理”。当英国的报纸指责坦桑尼亚的总统权力太大，是一种“独裁的样板”时，受过英国教育的尼雷尔反击道：“人民自由的根本保障是国家的道德……如果人民没有这种道德，不论如何制定的宪法，都不能保证人民不受暴政的侵害。”[55]“我们必须坚持不懈地建立这个国家的伦理，让这个国家的无论哪个元首都能说，‘依照宪法，我有权去做某件事，但我不能做，因为这件事是非坦噶尼喀的。’”而民众也可以说：“我们不能容忍那个，那个是非坦噶尼喀的。”

在组织上，坦桑尼亚民主依赖于无处不在的坦盟，“一个活跃于每个乡村的强大的政治组织，像一条双向的全天候公路那样，一方面把政府的目的、计划和各种问题传达给人民，同时又能把人民的思想、要求和争论直接传达给政府”。[56]尼雷尔自然也反对只有多党制才能称为民主政治这种认识。这个时期，他是坚定的一党制拥护者，认为两党制是西方阶级竞争的结果，一党制可以避免无尽的政治斗争，提供更好的民主，只要它为整个民族一致认可。

尼雷尔是如此能言善辩、博学多思，无论外国如何攻击坦桑尼亚体制的非民主性，尼雷尔总是能自圆其说，并始终坚持坦桑尼亚在走自己的民主之路，这也是他对乌贾马社会主义的最初设想。但乌贾马计划实际的推行过程却让我们不得不直面现实：坦桑尼亚的更好的民主也许只是一种愿景。

从1962年开始到1967年的初行阶段，乌贾马社会主义的措施比较温和：例如，宣布土地公有化，帮助农民建立农产品收购与销售合作社，为农民提供生产工具等。生产力因此得到了大力发展：从1961年到1966年国民生产总值平均每年增长6.4%，出口额平均每年扩大11%。贸易出现顺差，固定资产的形成每年增加14%。[57]

1967年开始，事态的发展逐渐脱轨。以《阿鲁沙宣言》内容为中心，生产资料开始公有化，经济部门国有化，农村开始建立乌贾马村运动。但是截至1968年底，只有不到180个村庄达到“乌贾马”项目标准。[58]最终，尼雷尔失去耐心，强制全民在1976年前搬进“乌贾马村”。1973年到1977年间，大约有1100万人迁居，尼雷尔断言这么大规模的移民活动完全是自愿的，但实际情况是否如此，我们不得而知。学界对此的猜疑和否定却从未停止过。据说，一位大学研究人员从马拉发回报告，称官员们决定立即搬迁，警察、军队、国民服务队和民兵都出动了。在社会主义的名义下，人们受到官员的粗暴对待，当有人提出质疑，得到的回答是“这是尼雷尔的命令”。[59]

屋漏偏逢连夜雨，农村骚乱，又逢旱灾，国家经济陷入困难，乌贾马社会主义政策进入了调整阶段。政府发布《村庄与乌贾马村法令》，进行了反省与政策调整，停止全国大规模性地建立乌贾马村的活动，改为“村庄化活动”，恢复了农民私有制。[60] 1974年开始粮食连续歉收，坦桑尼亚不得不进口粮食以应对国内的粮食短缺。尼雷尔坦率承认这是“一种耻辱”。[61]

最后，轰轰烈烈的乌贾马运动不得已惨淡收场。但是，尼雷尔为国家发展鞠躬尽瘁的心，无人能予以否认。他仍然深得民心，受民众爱戴。直到今天，依然有一派人坚持认为乌贾马运动之所以失败，是由于尼雷尔遭受了背叛等原因，并不是他的错。无论如何，尽管事与愿违，尼雷尔也还是引领新生的国家迈出了发展的第一步，为之后的继任者提供了经验和教训。

## 四、人民的“牧瓦利穆”

尼雷尔不只是坦桑尼亚的领导者，还是坦桑尼亚的“牧瓦利穆”（导师）。在人民心中，尼雷尔的导师形象根深蒂固。就一个国家的领导者而言，这并不多见。这使得“国父”的“父”，不仅指开国之“父”，更是以身作表率，教化民众之“父”。尼雷尔也赞同教师的作用的确会对国家产生巨大影响。他曾说：在坦桑尼亚进行经济现代化的同时，只有教师真正有力量决定每个人是否能保有自尊以及得到他人的尊重。[62]

“牧瓦利穆”不仅仅是对尼雷尔的象征性称赞，从职业身份上讲，这也是事实。尼雷尔在圣玛利亚学院与圣弗朗西斯学院教过书。他从小便有成为教师的志向，当初申请马克雷雷大学，也是因为马克雷雷大学当时的主要功能之一就是培养教师。[63]尼雷尔本人是当时坦噶尼喀极少数受过高等教育的留学生，具有极高的文化素养和能力，曾把莎士比亚的戏剧《朱利叶斯·凯撒》和《威尼斯商人》译成斯瓦希里语。但尼雷尔最终被迫在政治活动和教师工作中抉择。1955年从联合国托管理事会归国后，他不得不辞去教师工作。原因是，当时的总督特文宁明明白白地告诉圣弗朗西斯学院的天主教神父们：他不能允许即使是间接领取政府薪金的人去从事政治鼓动的工作，尼雷尔必须在政治领袖和领取政府薪水的教师之间做出抉择。[64]在尼雷尔看来，放弃教书是他准备做出的一种“牺牲”，可见教师志向在他心中的分量之重。[65]在成为坦桑尼亚总统的几年后，尼雷尔曾和朋友吐露，期待一个可以退休的时机，想要余生在沉思、写作和辩论中度过。[66]

尼雷尔作为一国领导者，却能成为民众心中的“牧瓦利穆”，也因为尼雷尔在大多数的情况下都坚持循循善诱，寄希望于说服民众而不是用高压手段。尼雷尔长于以理服人，并不搞一言堂。他曾私下发给坦桑尼亚外交官一篇备忘录，题为《辩论，不要叫嚷》，用以警醒手下的官员。[67]尼雷尔热爱演讲，也擅长演讲。他确实像全国民众的教师一样，总是深入群众，表达自己的政治观点。独立前，他积极地向民众传播“乌呼鲁”的信念：我们需要的不是殖民主义者以为的公平交易，“我们所需要的一切是独立”。[68]1962年，在宣告坦噶尼喀独立的几个月后，尼雷尔就辞去总理职务。在各式各样的猜疑中，他在全国各地旅行和演说。《旗帜报》立刻用《朱利叶斯回到人民中来了》这样的标题来报道。[69]尼雷尔后来说，如果能再像这样辞职一次的话，“我一定会努力更好地利用人民的热情——给他们以更多的指导：应当在哪里造一条公路或者是否应当建造一所学校”。[70]在尼雷尔重新执政后，有人问他是否后悔当初突然辞去总理的职位。尼雷尔说：“我确信我的任务是领导群众。如果有什么事情使我后悔的话，那就是现在回到群众中去有些困难了。”[71]尼雷尔憧憬教师/传道士的二位一体身份。有一次，他对朋友说：“我本该做教堂讲坛上的传教士，而不该做共和国的总统。”[72]尼雷尔看重的是教师的教化力量，教师像传道士一样，感染民众，让他们接受思想和道德的灌输。这种力量被尼雷尔看得极重，他说：“教师可以使我们的社会更加美好，也可以摧毁整个社会。作为一个团体，他们拥有至高无上的权利。这不是一个人拿着枪所拥有的权力，也不是庸人能看到的权力。这是一种能够决定整个坦桑尼亚在1990年及以后将被‘为人民服务’还是‘自私自利’所主宰的权利。”[73]

即便自己不能再从事教师之职，尼雷尔还是矢志不渝。在任期间，他极为重视教育，并进行了硕果颇丰的教育改革，尤其在普及教育与成人扫盲上。从1961年到1981年，小学生人数增长7倍，从48.8万人上升到366万人；中学生人数从1.1万人扩充至4万人。其结果，坦桑尼亚从80%的文盲率飞跃为85%的识字率。[74]

还有很重要的一点是，尼雷尔确实廉洁奉公、私德无瑕，无愧于作为国民榜样的导师之称。在他生前，任何想要以他名字命名道路、建筑等的请求都被他拒绝。[75]他身为一国领导者，家门前的路却是坑坑洼洼，连司机都曾迷路。[76]担任总统后，他依然要向银行贷款买房子，哪怕在银行国有化之后，他也坚持还房贷。[77]卸任后的尼雷尔回到家乡的农庄，和普通百姓一样过着最简朴的生活。[78]直到他病重弥留之时，仍然担心自己在英国的医疗费用会为坦桑尼亚增加额外的经济负担，一再要求终止治疗。[79]

尼雷尔自身无可指摘的个人品行使他成为坦桑尼亚的导师、国父，自然而然，他也期待民众能跟上他的脚步。他希望将坦桑尼亚的人民教化为奉献自己、发展国家的无私公民。但理想的愿景和现实不免又一次发生冲撞，他的品格标准对于大多数人来说太难企及。《阿鲁沙宣言》附有一份《坦盟和政府领导人的行为准则》，规定领导人不得持有私企股份或在其中担任管理职务，不得领取两份或两份以上的薪水，或者拥有出租的房屋。没过多久，全国妇女组织主席和坦盟中央委员就辞职了，因为她选择去收房产租金了。1966年，恰恰是一群大学生，游行抗议了“牧瓦利穆”尼雷尔支持的“国民服务”决策。尼雷尔希望这些享受了稀缺的教育资源的大学生们，毕业后能低薪为国家服务两年。这项计划直接导致大学生的游行示威，尼雷尔当场宣布自降20%的薪水，并表示对他们十分失望。他发现自己无论怎么游说，怎么努力接近民众，无论发表多少著作和演说，在一件事上都收效甚微：他永远打消不了人们对特权的追求。[80]

## 五、结语

身处非洲反殖民与民族解放的历史浪潮之中，尼雷尔能成为坦桑尼亚的国父，依靠的不是征战杀伐的军事才能或兵变所获得的权力。坦噶尼喀的独立是不流血的变革，与桑给巴尔的联合也不算十分坎坷。他引领了民族的独立自治，但他的死敌不在疆场，而是这块大陆上的痼疾：贫穷、疾病与落后。纵观尼雷尔的一生，他少有膨胀的权力欲与扩张欲，他所谋求的是平等人权、自由与发展。

尼雷尔一生都在为人民谋独立，求发展，冀求人民能有尊严地生活，国家有独立自主的力量。他促进了坦噶尼喀的和平独立、坦桑尼亚的成立，探索出坦桑尼亚特色的“乌贾马”社会主义。身为国家的掌舵者，他依然廉洁奉公、时时自省，是坦桑尼亚人民的导师。“国父”之称，他当之无愧。尼雷尔与同期几位颇受争议的非洲领导人截然不同。他的人格品性国内外有口皆碑，无论是执政前还是执政后，他都怀着近乎传教士的布道激情，试图劝服人民和他一起践行理想。

而理想主义者的共同处境，就是挣扎于现实与理想之间的巨大落差。尼雷尔也不例外。他一生都怀有平等独立与自由的理想，却常常迫不得已而采取与之相违的现实手段。尼雷尔奉行独立自主，却向外国寻求大量的援助来发展国家。他厌恶强迫，希望通过教化开启民智，但也会失去耐心，采取一些手段。他追求民主平等，与独裁者的信条水火不容，他说："坦桑尼亚就是全体人民：人民包括每一个人。"但实际上，全国上下唯他马首是瞻，所以反对他的人将他视为通过把控民心而扩大权力的精明政治家。

历史总不乏政权更迭的叙事，起承转合也大同小异。几笔功过，几句评说，总不如具体的一生，能装下真实的欲望与哀愁。在非洲大陆的贫弱部落，尼雷尔心怀一束理想之光走出来，想点亮自己的国家，给所有同胞以希望。他看着蜡烛被点亮，也看着它忽明忽暗，看着理想像吹火的引风，又看着风也被冲散。尼雷尔的一生功过，见仁见智，但他的理想、他的热忱、他真诚的呼唤，将确信无疑地跨越时空，恒久动人：

> 坦噶尼喀人民要点亮一支蜡烛，把它放在乞力马扎罗山的山巅。烛光将穿越国境，给绝望的地方以希望，给仇恨的地方以爱，给只有羞辱的地方以尊严。我们恳请英国人民，我们诚挚地恳请英国人民和我们各个种族的邻国，不要把坦噶尼喀和我们正在做的事情看作是一件令人难堪的事情，而是把它当作一缕希望的光芒。跟其他国家不一样，我们无法把火箭发射到月球上去，但是我们能把希望和爱的火箭发射到我们所有的同类的人那里，不管他们身在何处……[81]

**引用文献：**

1. 朱利叶斯·尼雷尔：《尼雷尔文选》（第一卷：自由与统一，1952—1965），韩玉平译，沐涛译校，华东师范大学出版社，2015，前言第1页。

2. 同上。

3. 伊·基曼博、阿·特穆主编:《坦桑尼亚史》(下册),钟丘译,商务印书馆,1973,第392页。

4. 威廉·埃杰特·史密斯:《尼雷尔》,上海《国际问题资料》编辑组译,上海人民出版社,1975,第41页。

5. 同上书,第76页。

6. 朱利叶斯·尼雷尔:《尼雷尔文选》(第一卷:自由与统一,1952—1965),韩玉平译,沐涛译校,华东师范大学出版社,2015,第14页。

7. 同上书,第37页。

8. 同上书,第96页。

9. 裴善勤编著:《坦桑尼亚》,社会科学文献出版社,2008,第140页。

10. 威廉·埃杰特·史密斯:《尼雷尔》,上海《国际问题资料》编辑组译,上海人民出版社,1975,第76页。

11. 同上书,第72页。

12. 同上书,第102页。

13. 杨元恪等主编:《世界政治家大辞典》(中),人民日报出版社,1992,第2136页。

14. 朱利叶斯·尼雷尔:《尼雷尔文选》(第一卷:自由与统一,1952—1965),韩玉平译,沐涛译校,华东师范大学出版社,2015,第82页。

15. 同上书,第44页。

16. 伊·基曼博、阿·特穆主编:《坦桑尼亚史》(下册),钟丘译,商务印书馆,1973,第238页。

17. 同上书,前言第4页。

18. 同上书,前言第15页。

19. 同上书,第139页。

20. 威廉·埃杰特·史密斯:《尼雷尔》,上海《国际问题资料》编辑组译,上海人民出版社,1975,第160页。

21. 同上书，第139页。

22. 同上书，第128页。

23. 同上书，第212页。

24.Issa G. Shivji, Saida Yahya-Othman and Ng'wanza Kamata, *Development as Rebellion: A Biography of Julius Nyerere, Book Three: Rebellion Without Rebels* (Dar es Salaam: Mkuki na Nyota Publishers Ltd., 2020), p. 18.

25. 朱利叶斯·尼雷尔:《尼雷尔文选》(第一卷：自由与统一，1952—1965)，韩玉平译，华东师范大学出版社，2015年，前言第6页。

26. Issa G. Shivji, Saida Yahya-Othman and Ng'wanza Kamata, *Development as Rebellion: A Biography of Julius Nyerere, Book Three: Rebellion Without Rebels* (Dar es Salaam: Mkuki na Nyota Publishers Ltd., 2020), p. 9.

27. 朱利叶斯·尼雷尔:《尼雷尔文选》(第一卷：自由与统一，1952—1965)，韩玉平译，沐涛译校，华东师范大学出版社，2015，前言第13页。

28. 同上。

29. 威廉·埃杰特·史密斯:《尼雷尔》，上海《国际问题资料》编辑组译，上海人民出版社，1975，第110页。

30. 同上书，第49页。

31. 同上书，前言第3页。

32. 朱利叶斯·尼雷尔:《尼雷尔文选》(第一卷：自由与统一，1952—1965)，韩玉平译，沐涛译校，华东师范大学出版社，2015，前言第2页。

33. 同上。

34. 同上书，第209页。

35. 朱利叶斯·尼雷尔:《尼雷尔文选》(第三卷：自由与发展，

1968—1973），王丽娟、聂莹、王磊译，舒运国译校，华东师范大学出版社，2015，第54页。

36. Issa G. Shivji, Saida Yahya-Othman and Ng'wanza Kamata, *Development as Rebellion: A Biography of Julius Nyerere, Book Three: Rebellion Without Rebels* (Dar es Salaam: Mkuki na Nyota Publishers Ltd., 2020), p. 21.

37. 朱利叶斯·尼雷尔:《尼雷尔文选》(第一卷：自由与统一，1952—1965)，韩玉平译，沐涛译校，华东师范大学出版社，2015，前言第2页。

38. 威廉·埃杰特·史密斯:《尼雷尔》，上海《国际问题资料》编辑组译，上海人民出版社，1975，第171页。

39. 同上书，第82页。

40. 同上书，第83页。

41. 同上书，前言第13页。

42. 朱利叶斯·尼雷尔:《尼雷尔文选》(第二卷：自由与社会主义，1965—1967)，韩玉平译，沐涛译校，华东师范大学出版社，2015年，第236页。

43. 同上书，第136页。

44. 朱利叶斯·尼雷尔:《尼雷尔文选》(第一卷：自由与统一，1952—1965)，韩玉平译，沐涛译校，华东师范大学出版社，2015，第121页。

45. 同上书，前言第2页。

46. 同上书，第247页。

47. 同上书，第256页。

48. 朱利叶斯·尼雷尔:《尼雷尔文选》(第三卷：自由与发展，1968—1973)，王丽娟、聂莹、王磊译，舒运国译校，华东师范大学出版社，2015，第6页。

49. 朱利叶斯·尼雷尔:《尼雷尔文选》(第一卷:自由与统一,1952—1965),韩玉平译,沐涛译校,华东师范大学出版社,2015,第124页。

50. 同上书,第67页。

51. 同上书,第69页。

52. 威廉·埃杰特·史密斯:《尼雷尔》,上海《国际问题资料》编辑组译,上海人民出版社,1975,第171页。

53. 同上书,第20页。

54. 朱利叶斯·尼雷尔:《尼雷尔文选》(第一卷:自由与统一,1952—1965),韩玉平译,华东师范大学出版社,2015年,第124页。

55. 同上书,第129页。

56. 同上书,第119页。

57. 南文渊:《坦桑尼亚乌贾马社会主义的理论与实践》,《西亚非洲》1987年第1期,第141页。

58. 伊·基曼博、阿·特穆主编:《坦桑尼亚史》(下册),钟丘译,商务印书馆,1973,第234页。

59. 同上书,第235页。

60. 南文渊:《坦桑尼亚乌贾马社会主义的理论与实践》,《西亚非洲》1987年第1期,第150页。

61. Anonymous , "A Disgrace That We Have to Import Food," *New African* 500 (2010): 30.

62. 朱利叶斯·尼雷尔:《尼雷尔文选》(第一卷:自由与统一,1952—1965),韩玉平译,沐涛译校,华东师范大学出版社,2015,第160页。

63. John Hatch, *Two African Statesmen: Kaunda of Zambia and Nyerere of Tanzania* (Chicago: Henry Regnery Company, 1976), p. 10.

64. 威廉·埃杰特·史密斯:《尼雷尔》,上海《国际问题资料》编辑组译，上海人民出版社，1975，第81页。

65. 同上书，第75页。

66. John Hatch, *Two African Statesmen: Kaunda of Zambia and Nyerere of Tanzania* (Chicago: Henry Regnery Company, 1976), p. 19.

67. 威廉·埃杰特·史密斯:《尼雷尔》，上海《国际问题资料》编辑组译，上海人民出版社，1975，第39页。

68. 同上书，第75页。

69. 同上书，第125页。

70. 同上。

71. 同上书，第122页。

72. 同上书，第1页。

73. 同上书，第160页。

74. 南文渊:《坦桑尼亚乌贾马社会主义的理论与实践》,《西亚非洲》1987年第1期，第147页。

75. Issa G. Shivji, Saida Yahya-Othman and Ng'wanza Kamata, *Development as Rebellion: A Biography of Julius Nyerere, Book Three: Rebellion Without Rebels* (Dar es Salaam: Mkuki na Nyota Publishers Ltd., 2020), p. xxiv.

76. Ibid., p. xxv.

77. Phyllis Johnson, Snezana Korica, *Julius Nyerere: Asante sana, Thank You, Mwalimu* (Kent: The House of Books, 2015), p. 7.

78. Ibid., p. 8.

79. Ibid.

80. John Hatch, *Two African Statesmen: Kaunda of Zambia and Nyerere of Tanzania* (Chicago: Henry Regnery Company, 1976), p. 192.

81. 朱利叶斯·尼雷尔:《尼雷尔文选》(第一卷：自由与统一，1952—1965)，韩玉平译，沐涛译校，华东师范大学出版社，2015，第43页。

# 第五章　尼雷尔与南南合作

赵白生*

兔象之战，这个寓言，尼雷尔十分爱用，不但把它放在一篇演讲的结尾，曲终奏雅，而且还把它植入另一篇演讲的标题，纲举目张。整个寓言，一问一答，只有四行，像首绝句：

兔子去哪里?
我去杀大象!
你能干掉它?
尝试再尝试![1]

---

* 赵白生，北京大学外国语学院教授、博士生导师，北京大学世界传记研究中心主任、世界文学学会会长、中国东盟跨文化研究院创始人。曾获北京大学唐立新奖教金优秀学者奖（2016年）、德国弗赖堡大学高级学者奖（FRIAS Senior Fellowship, 2011/2013年）、北京大学外国语学院优秀教学奖（2007年）、哈佛燕京学人奖（Harvard Yenching Fellowship, 1999—2001年）、朱光潜美学与西方文学奖（1998年）、赵萝蕤英美文学奖（1997年）等。

专著、合著、译著、编著有:《生态学与生命写作》(2016年)、*Ecology and Life Writing* (2013年)、《东方作家传记文学研究》(2012年)、《哈佛读本》(2010年)、《欧美文学论丛·四》(2005年)、《传记文学理论》(2003年)、《肖像》(2000年)、《元首传》(1995年)等，还为中央电视台翻译了120多万字的大型电视系列节目，并担任央视《朗读者》节目的评点专家。

小寓言所体现的大雄心，令人想起了蚍蜉撼大树的气概。这里，尼雷尔所揭示者，不仅仅是兔子的雄心，更有它的韧劲："南方能做好它需要做的。南方必须永不言弃。"[2]不言而喻，"尝试再尝试"的兔子，代表着南方；大象则意指北方。兔象之战，换言之，就是南北之争。

问题是，面对现实，兔子能干掉大象吗？[①]显然，这不是尼雷尔真正所关心的问题。尼雷尔的问题不是知其不可而为之，而是知其不可而如何为之。也就是说，他日之所思夜之所想，不是一只兔子，而是一群兔子如何联盟，壮大自己，来制衡大象的特权。

兔子联盟，即南南合作，尼雷尔的晚年使命，多在于此。

## 一、南南合作的奠基人

南南合作的核心人物，非尼雷尔莫属。[3]具体说来，尼雷尔在三个方面，披荆斩棘，功莫大焉。

首先，尼雷尔是南南合作的奠基人。南南合作需要基石，而这块基石就是南方委员会（The South Commission）。尼雷尔担任了这个委员会的第一位，而且也是唯一一位主席，从提议草创到功成解散，历时三年，飞抵五十多国，鞠躬尽瘁，乐此不疲。[4]有关南方委员会成立的来龙去脉，尼雷尔在他的演讲里多次提及。梳理一下，我们不难勾勒出其大致背景：

> 1986年10月，不结盟运动高峰会议在哈拉雷举行。会

---

① 在加拿大渥太华的一次讨论会上，尼雷尔说："最后，他（兔子）确实杀掉了大象。"对于这个尼雷尔心爱的扎纳基部落故事，听众似乎照单全收，暂无异议。参见：Julius K. Nyerere, *Freedom, Non-Alignment and South-South Cooperation*(Dar es Salaam: Oxford University Press, 2011), p. 158。

上，马来西亚总理马哈蒂尔·穆罕默德宣布成立独立的国际性的南方委员会，并同时宣布，尼雷尔同意担任委员会的主席。[5]

其实，当尼雷尔被邀请担任该委员会主席时，并不心甘情愿，甚至顾虑重重。在演讲里，他袒露心扉：

> 我的不情愿，来自一个信念，还有一个未回答的问题。首先，我不相信，一位来自南方经济体的资深而且繁忙的政要应该放下他手头的要务不干，去分心写一份报告。而这份报告的命运只会被政府部门束之高阁，或者两三年之后成为大学的研究对象。所以，我的问题是，第三世界的政治领袖在应对持久而显然日益恶化的经济问题时，是否感到这个委员会能助他们一臂之力。[6]

尼雷尔从政数十年，风风雨雨一路走来，深谙其中丘壑。从一开始，他就有预见性，敏锐地意识到问题的核心所在，搭建一个班子，穷年累月，辛辛苦苦写好一份报告，其结果，很可能被束之高阁，收效甚微，甚至还会受到抨击。①事实上，这类现象，坦桑尼亚第三任总统穆卡帕在其回忆录里明确谈过："作为领袖，你必须一以贯之，坚持不懈。你必须做出决定，然后付诸行动。有决定，有行动，这就意味着你有所进步，至少你在向前进步，

① 这个报告出来之后，反响不大，甚至受到名刊《经济学人》杂志的冷嘲热讽，尼雷尔十分恼火。当然，造成这个结果既有外因，报告发布的时间，正好跟当时的新闻焦点——伊拉克入侵科威特的时间"撞车"，更有内因，参见当时南方委员会成员简英时隔25年之后的回忆文章：Julius K. Nyerere, *Freedom, Non-Alignment and South-South Cooperation* (Dar es Salaam: Oxford University Press, 2011), p. 155; Devaki Jain, "Looking Back at the South Commission," *Economic and Political Weekly* 51. 9 (February 27, 2016): 62-66。

而不是止步不前。这是我从导师（尼雷尔）那儿学到的。他的某些决定并不对人胃口，可是，人们知道他一旦做出决定，就会毫不动摇。”[7]

非洲不能止步不前，全球南方更不能止步不前，这就需要决定，更需要行动。尼雷尔最终还是做出决定，承担了“南方委员会”的重任。

作为南南合作的奠基人，尼雷尔一旦做出决定，就立即付诸行动。他的工作重点，就是团队建设。

具体地说，他搭建了一个特色鲜明的行动班子。这个班子共有28人组成，[①]其中主席1名，秘书长1名，成员25名，个人代表1名。成员来自坦桑尼亚、印度、埃及、巴西、莫桑比克、斯里兰卡、西萨摩亚、阿根廷、乌拉圭、津巴布韦、牙买加、菲律宾、墨西哥、尼日利亚、象牙海岸、南斯拉夫、委内瑞拉、中国、圭亚那、古巴、巴基斯坦、塞内加尔、马来西亚、印度尼西亚、阿尔及利亚等。研究一下这份名单，我们可以看出尼雷尔的良苦用心和战略考量：尼雷尔所理解的南方国家，非洲、亚洲、拉丁美洲、大洋洲，囊括殆尽，特别是南方大国，如中国、印度、巴西、埃及、尼日利亚，几乎无一遗漏。唯一没有入选成员的南方大国是南非，理由不难理解：南非之所以成为非洲国家的众矢之的，是因为其臭名昭著的种族隔离政策。就区域而言，尼雷尔的行动班子代表性强，战略性高，特别是南斯拉夫这个欧洲南方国家加入，尼雷尔为未来研究全球南方者做出了破格之举。

① 实际人数为29人，尼雷尔在书中（*Freedom, Non-Alignment and South-South Cooperation*, pp.67-71）漏掉一人，即科威特的艾尔哈马德。而在南方委员会出版的书里，书前的委员会名单中不见尼雷尔所提议的个人代表贾马尔，但在书尾的介绍里却有他。参见：The South Commission, *The Challenge to the South: The Report of the South Commission* (Oxford: Oxford University Press, 1990), p. 295。

这个行动班子的另一个特点，也比较明显：人员的专业背景尽管相当多元，但领域集中，一目了然。虽然成员有政治家、物理学家、化学博士、社会学家、大主教、律师、外交官等，但大多数人的身份都是颇有影响的经济学家或金融家，人数多达14位。专业背景的集中性，说明了尼雷尔给南方委员会做了一个明确的定位：南南合作的重中之重乃经济合作。

发展问题，是这个组织的首要问题。[8]

最后，这个组织的权威性，也令世人刮目。南方委员会成员包括两位前总统、一位在任副总统、一位诺贝尔奖得主、十来位部长级官员等。其他各个行业的成员，也均为业界领袖，比如银行行长或者驻外大使，均为权重一方之士。年龄方面，就尼雷尔所列举的不完全数据而言，最年长者74岁，最年轻者37岁，其中60岁上下者占比几近一半，委员会主席尼雷尔本人65岁，秘书长辛格博士55岁。这个年龄段，不但经验丰富，而且年富力强。①

根据尼雷尔的介绍，南方委员会成员的极简版简历如下：

主席：尼雷尔（坦桑尼亚，65岁），坦桑尼亚前总统，曾任教师；

秘书长：辛格博士（印度，55岁），印度财政部前部长，经济学教授；

成员：

阿布达拉博士（埃及，无年龄信息），经济学家，计划部前部长；

---

① 简英十分尖锐地指出，这个班子，问题很大。人员老化，不能接受新的思想。女性太少，对女性问题关注不够。官僚过多，不太了解公民社会组织。参见：Devaki Jain, "Looking Back at the South Commission," *Economic and Political Weekly* 51. 9 (February 27, 2016): 63-64。

阿恩斯大主教（巴西，66岁），圣保罗大主教，曾任神学教授；

考米车先生（莫桑比克，48岁），莫桑比克银行总裁，财政部前副部长；

孔睿亚博士（斯里兰卡，61岁），斯里兰卡开放大学校长，计划与经济事务部前部长；

艾飞先生[①]（西萨摩亚，49岁），前首相，曾任该国驻英联邦和联合国代表；

费雷先生（阿根廷，无年龄信息），经济学教授，布宜诺斯艾利斯省银行行长；

福塔多先生（巴西，无年龄信息），文化部长，经济学教授；

伊格雷西亚斯（乌拉圭，无年龄信息），美洲间发展银行总裁，前外交部长；

简英女士（印度，54岁），社会研究信托研究院院长，曾任德里大学经济学讲师；

马科尼先生（津巴布韦，37岁），曾任农业、工业、能源发展部部长；

曼里先生（牙买加，无年龄信息），全国工会主席，前首相；

卡洛斯蒙索德博士（菲律宾，无年龄信息，女），经济计划部部长，经济学教授；

纳瓦雷特先生（墨西哥，47岁），驻英国、爱尔兰大使；

① 尼雷尔此处介绍有误，艾飞并不是他的姓，参见：The South Commission, *The Challenge to the South: The Report of the South Commission* (Oxford: Oxford University Press, 1990), p. 294。此外，尼雷尔书中的委员介绍，与南方委员会书后所列出的委员介绍，颇有偏差，特别在姓氏顺序的排列上。这至少说明，有些委员，尼雷尔并不十分熟悉。

奥基博先生（尼日利亚，63岁），著名经济学家，曾任尼日利亚联邦政府经济顾问；

迪阿比夸塔拉先生（象牙海岸，无年龄信息），银行家，曾任西非国际银行董事长；

帕皮克先生（南斯拉夫，无年龄信息），南南合作组织理事会主席，南斯拉夫央行前总干事；

佩雷斯先生（委内瑞拉，无年龄信息），前总统，曾任内务部部长；

钱嘉东先生（中国，63岁），中国常驻联合国日内瓦办事处和瑞士其他国际机构的代表；

拉法尔（圭亚那，无年龄信息），前外交部长，司法部长，律师；

罗德里盖茨博士（古巴，74岁），副总统，曾任经济学院院长；

沙拉姆教授（巴基斯坦，61岁），第三世界科学院院长，诺贝尔奖得主；

沙瓦内女士（塞内加尔，无年龄信息），非洲妇女研究与发展协会主席，社会学家；

萨飞先生（马来西亚，65岁），前外交、内务、经济计划部部长；

维德乔乔先生（印度尼西亚，无年龄信息），总统特别经济顾问，前计划部部长；

雅克先生（阿尔及利亚，57岁），大使，商务部长；

个人代表：贾马尔先生（坦桑尼亚，无年龄信息），驻日内瓦国际组织常任代表。[9]

这些成员，除了前述三个特点之外，还有一个共同特征，对南南合作不但兴趣浓厚，而且职业参与度高。比如，南斯拉夫的帕皮克担任过南南合作组织理事会主席（Chairman of Council of Agency for South-South Cooperation），津巴布韦的马科尼曾挂职南部非洲发展协调会议执行书记（Executive Secretary of Southern Africa Development Coordination Conference），印度尼西亚的维德乔乔是南南合作的长期倡导者。

领袖格局，看其布局。就像一位超级棋手，能否世界一盘棋，最考验一位领袖的胸怀。从南方委员会的人员构成看，尼雷尔长袖善舞，眼光独到。然而，在他的批评者看来，政客们下台，就呼朋唤友，拉帮结伙，指点世界各国治国理政之糟糕。[10]不过，尼雷尔意在独辟蹊径，他的“组阁”明显地体现了他的雄心壮志：

全球南方一盘棋。

所以，就成员国而言，非洲的东南西北，全方位覆盖；亚洲的东、东南、南、西组成四重奏；拉丁美洲从北到南，呈现一条龙态势；大洋洲也不忽略，选择一国，一枝独秀。

这样的布局，当然有其局限。最明显者，西亚被重视不够，中亚也无缘其中。但考虑到当时的历史现状，就大局观而言，尼雷尔的布局，可以说，敢于破格，有所突破。其中，两点突破，值得称道：

其一，南方不以地理南方为限：选择南斯拉夫的帕皮克就是显例。传统上，我们不把欧洲国家看作南方，尼雷尔突破传统，可圈可点。这无疑为以后的全球南方合作拓宽了思路。

其二，南方之全，覆盖全球：遴选西萨摩亚[①]的艾飞，其战略意义，远远大于其现实意义。有了西萨摩亚，全球南方才全。否则，五大洲缺一洲，即大洋洲。唯有如此，尼雷尔的南方委员会，

① 西萨摩亚，现为萨摩亚。

才开风气之先，成了名副其实的“全球南方”委员会。非洲、亚洲、美洲、欧洲、大洋洲，无一缺席，真正意义上的“大满贯”，全球南方一盘棋。

## 二、南南合作的思想家

南南合作，需要行动，但更需要思想。没有思想的行动，很难产生现实影响和历史价值。尼雷尔不仅仅是南南合作的奠基人，而且还是南南合作的思想家。他的思想，体现在一篇篇演讲里。这些演讲虽然常有重复，但往往互为补充，放在一起加以细究，就能厘清尼雷尔南南合作思想之轮廓。

具体说来，尼雷尔就南南合作有三个方面的思想值得探讨。

首先，尼雷尔系统地阐发了南南合作的战略意义。1989年，尼雷尔在南斯拉夫的贝尔格莱德不结盟运动高峰会议上做了一个发言，题目是“南方经济体的力量来自团结”。南方合作的必要性，是因为强大北方的存在：

> 可是，我们不能假装着，北方不存在。北方确确实实存在。北方强大，它所做的决定影响着南方。北方市场经济国家定期会晤，并且在大型国际会议之前会晤。这样，它们团结一致，就更加强大。
>
> 它们的活动协调井然，合作计划有序……跟南方交涉时，它们接受统一的纪律约束，运用“分而治之”的策略以遂其意。因此，它们统治着世界经济，运用各种机构来谋其利。
>
> 世界是一个整体，技术上如此，经济上如此，环境上如此。我们南方需要跟北方，不论是西北，还是东北，一起工作。但是，为了工作，我们必须认识到，北方各方，还有涵

盖其中的各个国家，都在追逐各自的利益，没有一方会考虑我们的顾虑，特别是这些顾虑跟它们的利益背道而驰的时候。为此，它们已经组织起来，团结一致。

我们必须同样行动……[11]

在此，尼雷尔抓住了南南合作的思想基础，即世界一体化，特别是世界经济的一体化。经济学家梅勒在评论南方委员会的报告时也指出了这一点。[12]世界经济体系的控制方是北方经济体，而受控方则是南方经济体。这两方存在着巨大的不平等，是因为北方经济体为追求利益的最大化，对内有法律，对外有策略，展现了现代化的职业精神。相比之下，南方经济体则是各自为政，一盘散沙，面对北方经济体自然不堪一击，成为对方的囊中之物。

南南合作的战略意义，尼雷尔在此点明。

其次，作为思想家，尼雷尔明白，指出南南合作长远的战略意义固然重要，但面对现实，更为关键。现实是，南南合作问题重重。指出问题，分析问题，[13]也是尼雷尔南南合作思想的关键部分。“非洲是个问题”（Africa is a problem）……“非洲是个问题”……“非洲是个问题”……，在加拿大渥太华的一次讨论南方委员会报告的圆桌会议上，尼雷尔像机关枪一样，一连四次喷射出“非洲是个问题”，给人印象难忘。[14]

非洲问题，到底有哪些？

尼雷尔基金会执行主任布提库（Joseph W. Butiku）在有关尼雷尔著作的序言中曾指出一个有意义的现象，即非洲现状的根源。尼雷尔一再被告知，政策错误、缺乏效率、抱负过大，是造成坦桑尼亚问题的源头，而非洲危机则来自非洲的技能缺失、贪污受贿、能力普遍低下。对于这种高高在上颐指气使的责难，尼雷尔耳熟能详，相当讨厌。他针锋相对，指出坦桑尼亚、整个非洲、世界南方之所以危机四伏，其根源在于北方，“非洲的贫困和落后发展，跟别处的财富和科技进步休戚相关。世界财富分配的现存模式，是非洲独立所继承的十字架”。[15]

尼雷尔思想的卓异处在于，他擅长找出国别问题和区域问题的世界根源。顺着他的思路，我们不妨更推进一步：坦桑尼亚问题、非洲问题、南方问题固然是问题，但我们往往把它们看作局部性的问题，即属于国家级的小问题，或者区域性的中问题，而没有考虑到它们其实是全球性的大问题。尼雷尔曾一针见血地指出，我们的状况之所以如此，跟这样一个事实不无关系：世界四分之一的人口占有世界五分之四的收入。[16]所以，他找出了非洲大陆和全球南方的贫穷根源，即世界财富分配模式的不公平。究其目的，他是想通过南南合作，挑战现存的世界经济秩序。

从问题入手，尼雷尔的全球视野和宏观思辨让他登高一呼，使得南南合作各方看到了南方合作的现实意义。

最后，尼雷尔南南合作思想的第三个方面主要体现在他的新发展观。“发展是硬道理”，可是，硬道理如何软着陆，真正走入寻常百姓家，是第三世界国家所面临的共同难题。[17]南方委员会工作的主要目的，就是起草一份报告。说到底，这份报告如果有一个关键词，那么，这个关键词无疑是发展。而如何界定发展这个词，则成了南方委员会工作的重中之重。

这个重任，自然落到了尼雷尔的肩上。自从尼雷尔担任南方委员会的主席之后，他被邀请在世界五大洲频繁发表演讲。他的这些演讲，放在一起分析，不难发现，它们其实万变不离其宗，常常围绕着一个主题展开，可谓名副其实的“主题变奏曲”。这个主题，就是发展：

> 南方委员会用了四页来解释我们给发展所赋予的含义。

> 让我只引用其中的两段。我们认为："发展是一个过程，它让人实现潜能，培养自信，过上有尊严和有成就感的生活。它是一个过程，让人摆脱对贫困和剥削的恐惧。它是一个运动，让人远离政治、经济，或者社会的压迫。然而，一个国家，就是她的人民的。因此，发展必须是由人民来努力、靠人民齐努力、为人民而努力。真正的发展必须是以人民为中心的。"[18]

"以人民为中心"的发展观，虽然是南方委员会的共识，但更是尼雷尔发展思想的核心。[19]原则上讲，这个特定历史时期的发展观无可厚非，特别是考虑到非洲洲情和全球南方的实际。解决人民的贫困问题，无疑是第一要务。可是，要真正落实这样的发展观，是需要前提的：人民是否真正被赋予权力去发展自己？政府能否创造一个健康的经济环境和有效的法制环境来确保人民的发展权益？[20]政党政治能否避免结党营私、无法无天？人民是不是有力量有勇气捍卫自己的发展权利？这四个基本前提不具备，"以人民为中心"的发展观虽然听起来有号召力，政治也非常正确，但难以落地生根，难以真正做到经济繁荣、民富国强。[21]

非洲发展的致命伤，身为总统的穆卡帕体会尤深，痛陈时弊，往往击中肯綮："反思非洲国家的发展，有一个潮流，让我不堪。那就是，我们以惊人的速度创建了委员会、机构或者区域性组织，而这一切都没有好好想清楚。……我们倾向于发现一个问题，聚集在一起讨论它，成立一个委员会，然后觉得，这个问题就已经解决了。这是一种形式主义的而不是付之于行动的发展和治理。各种机构层出不穷，举办着昂贵的会议，代表们享受着出场费、免费旅行、公费住宿，还有补贴。凡此种种浪费钱财不说，还让人民对糟糕的治理水平感到失望和不满。这种行为，正是阻碍发展的行为之一。”[22]

穆卡帕的肺腑之言直指高层，创建委员会、机构、组织，跟普通人民是没有关系的，而这样的组织和会议却多如牛毛，挥金如土，“以人民为中心”的发展怎么搞？

尼雷尔深陷其中，能力挽狂澜吗？[23]

## 三、南南合作的外交家

南南合作首先是南南之间的事，不言自明。[24]这也是尼雷尔的工作重心。作为南方委员会的主席，他的首要工作，不是把南方委员会的工作报告强加给南方国家的元首和政府。他既没有这个权力，也没有这个必要。他的作用，与其说是“强行摊派”，还不如说是春风化雨。也就是说，他不是南南合作的大统领，而是南南合作的外交家。通过他的外交斡旋，他希望，南方委员会的报告精神，能够润物无声地渗透到南方各国人民的脑中。

这就需要尼雷尔的外交魅力。

南南合作，又不仅仅是南南之间的事。南南合作能否大功告成，南北之间的关系处理，至为关键。南南合作，目的十分明确，就是针对全球北方的特权。可是，如何动了北方的奶酪，又不让北方动怒，甚至大动干戈，显然是个亘古未解的大难题。南北之间的平衡术，无异于走钢丝，稍有不慎，就有可能跌入万丈深渊。

外交魅力之外，更需要尼雷尔具备外交战略。

尼雷尔的外交魅力，首先来自他那平易近人的亲和力。他谦卑为怀，慷慨大度，被视为非洲的甘地。[25]他的外交风格明显地体现在他的演讲里。为了南南合作，特别是为了宣传南方委员会的报告，尼雷尔不顾高龄，甚至不顾个人健康，云里来雾里去，频繁地飞来飞去，穿梭于世界各大洲。自1987年始，四五年间，尼雷尔足迹所至，有中国的北京、瑞士的日内瓦、马来西亚的吉隆坡、尼日尔的尼亚美、津巴布韦的哈拉雷、墨西哥的墨西哥城、莫桑比克的马普托、南斯拉夫的贝尔格莱德、埃塞俄比亚的亚的斯亚贝巴、委内瑞拉的卡拉卡斯、加拿大的渥太华、坦桑尼亚的阿鲁沙、马尔代夫的梅乐、瑞典的斯德哥尔摩、阿尔及利亚的阿尔及尔、巴西的巴西利亚、印度尼西亚的雅加达等，几乎涵盖了除大洋洲之外的世界四大洲。他的平易近人，实实在在地表现于行动上。他不满足于做运筹帷幄的幕后工作者，而是当飞越万里、脚踏实地去接触全球南方的外交家。每到一处，他都发表演讲。他的演讲不唱高调，不尚丽辞，不托空言。就事论事，朴实无华，是其特点。这样平易近人的风格，给人一种铅华洗尽见真纯的感觉。

1991年6月，尼雷尔在巴西利亚发表的演讲，即是明证。选取两段，虽然不能窥见全豹，适足以领略尼雷尔外交魅力之一斑：

> 今天的发展中国家，巴西也不例外，正处于发展的关键点，在寻找通向未来的更好的路。他们面临的挑战，全都一样。这些挑战包括：国家政策、与北方国家的关系、与其他南方国家的关系与合作。国家和世界经济管理的基本原则和结构如何重新定义，更新换代，都是挑战。[26]
>
> …………
>
> 从长远看，创建一个我们所期盼的世界能否成功，很大程度上取决于面对众多挑战时南方国家能否展示出团结和统一。我坚信，南方国家的政府将采纳（南方委员会）报告里所推荐的许多建议；我坚信，巴西政府和人民在加强南方团结，并在建立一个民主、公正、正义和真正相互依靠的国际共同体方面，会走在前列。[27]

不难看出，尼雷尔演讲的两个特点：他会开门见山，直面问题。也就是说，南方国家所面临的挑战，他了如指掌。身为坦桑尼亚国父，及执政长达二十多年的资深政治家，尼雷尔不回避南方国家的问题——国家政策的失误。但与此同时，他更能跳出圈外，把南方国家的问题放到国际大格局中加以考察，暗示“国家政策”，也“与北方国家的关系、与其他南方国家的关系与合作”休戚相关。他的外交魅力源于他的大视野。这个大视野更体现在他的“长时段”思维上。尼雷尔一方面专注眼下的挑战，这是一个合格的政治家所必须面对的现实；但另一方面，政治家如果只低头看脚下的问题，而不放眼未来，常常会导致鼠目寸光，胸无韬略，不能提振一个国家的自信心，更谈不上提升国际社会的凝聚力。尼雷尔在巴西利亚的演讲完美地表现了他的外交家的风范：让巴西政府和人民认识到挑战所在，更让巴西政府和人民找到了解决问题的妙方。最重要者，“从长远看”，让巴西政府和人民看到了未来。

尼雷尔以身作则，巴西人民自然会听其言而观其行。

推行南南合作，最大的障碍无疑来自北方。历史的恩怨，特别是殖民的历史，尼雷尔十分“外交”、尽量少谈。如有可能，几乎避而不谈。他这样做，体现了他的外交智慧。如果总揭历史的伤疤，不利于解决现实问题，甚至还会恶化南北关系。他的外交战略是，揭示全球北方的强大之源，以便全球南方“以其人之道，还治其人之身”。尼雷尔发现，北方之所以强大，是因为北方善于团结，善于结成牢不可破的利益联盟，特别是对付弱小的全球南方国家之时。而贫穷落后的全球南方，往往一盘散沙，任人宰割。所以，在尼雷尔看来，南南合作不是战术问题，而是实实在在的战略需求。北方的战略智慧，南方如果不效仿之，不想办法瓦解之，发展永远没有希望。这一点，尼雷尔在他的众多演讲里一再论述，因而成了南南合作的一个重要的思想资源。

如何处理好南北关系，也就是平衡弱国与强国的关系，在一般外交家看来，需要外交手腕，但尼雷尔不屑于耍外交手腕。他的一切，都放在明面上。他的光明磊落，最好不过地体现在他在瑞典斯德哥尔摩的演讲上。演讲的标题十分醒目:《南方委员会的报告不是“反北方”，而是“亲南方”》。显然，这突破了“二元对立”的非此即彼的思维定势。

演讲时，尼雷尔面对在瑞典的北方朋友，开诚布公，坦然而详尽地陈述了南方委员会的报告，并对其要点一一解释，表明他对北方毫不隐瞒，真正体现了西谚所云“诚实乃最佳政策”。

结尾处，他动之以情晓之以理：

> 朋友们，我希望，我已经给予了足够的讨论空间，让读过报告的人和还没有读过报告的人都能参与其中。不过，我希望，他们还是读一读报告。因为南方的正义之战，需要北方的盟友。我们的报告，毫不“反北方”，它只是“亲南方”。我们确信，我们都生活在一个星球上，对于世界上无论哪里的和平和正义，我们都有着共同的兴趣。[28]

无独有偶，作推介南方委员会的报告时，尼雷尔对丹麦哥本哈根的听众也说:“我修订了今天为讨论所做介绍的标题。我的标题是:《南方，以及北方，面对的挑战》。因为世界是一家，我们所做的决定，都会影响他人。所以，我的同事和我，迫切希望跟北方朋友讨论我们所发现的隐含之意……”[29]尼雷尔的应变能力，可见一斑。从不“反北方”，到“亲南方”，至“世界一家”，尼雷尔之道一以贯之，为了南方，但更为世界。他的外交韬略、外交智慧，溢于言表，易入人心。正如英国诗人邓恩所说，“无人是孤岛”；同样，没有国家是独立王国，世界一体化，全球同一村。

可见，尼雷尔所推行的南方方案，他“所发现的隐含之意”，只有通过他的外交魅力和外交战略，才能普及于世。

## 四、总结：南南合作的里程碑

合纵连横，用来描述尼雷尔，并不贴切。严格意义上说，他不是纵横家。尽管具有讽刺意味的是，南方委员会坐落在北方的日内瓦，尽管尼雷尔跟北方的关系非同一般，合纵方面，他不擅胜场，并没有真正打开历史性的局面。

他的真正贡献，在于连横。南南合作的大战略，他是奠基人、思想家和外交家。

历史的这一页，他无疑是主角。他的里程碑，直至今天，相当耀眼。全球南方的崛起，他是当之无愧的开拓者。

**引用文献：**

1. Julius K. Nyerere, *Freedom, Non Alignment and South-South Cooperation* (Dar es Salaam: Oxford University Press, 2011), p. 79, p. 149.

2. Ibid., p. 79

3. Devaki Jain, “Looking Back at the South Commission, ” *Economic and Political Weekly* 51. 9 (February 27, 2016): 63.

4. The South Commission, *The Challenge to the South: The Report of the South Commission* (Oxford: Oxford University Press, 1990), p. 301.

5. Julius K. Nyerere, *Freedom, Non Alignment and South-South Cooperation* (Dar es Salaam: Oxford University Press, 2011), p. 64.

6. Ibid., p. 65.

7. Benjamin William Mkapa, *My Life, My Purpose: A Tanzanian President Remembers* (Dar es Salaam: Mkuki na Nyota Publishers Ltd., 2019), p. 127.

8. The South Commission, *The Challenge to the South: The Report of the South Commission* (Oxford: Oxford University Press, 1990), pp. 79-142.

9. Julius K. Nyerere, *Freedom, Non Alignment and South-South Cooperation* (Dar es Salaam: Oxford University Press, 2011), pp. 66-71.

10. Anonymous, "The South Commission: Southward to New Brandtland," *The Economist* 316. 7666 (August 4, 1990):54.

11. Julius K. Nyerere, *Freedom, Non Alignment and South-South Cooperation* (Dar es Salaam: Oxford University Press, 2011), p. 126.

12. John W. Mellor, "Reviews," *Economic Development and Cultural Change* 41. 2 (January 1993): 443.

13. Delphin G. Rwegasira, "National Development and South-South Cooperation：Moving Forward an Analytical Commentary on the Report of the South Commission, " *African Development Review* 3. 1(June 1991): 91.

14. Julius K. Nyerere, *Freedom, Non Alignment and South-South Cooperation* (Dar es Salaam: Oxford University Press, 2011), p. 161.

15. Ibid., p. viii.

16. Ibid.

17. Joseph Kulwa Kahama, *Sir George: A Thematic History of Tanzania Through His Fifty Years of Public Service* (Beijing: Foreign Languages Press, 2010), p. 138.

18. Julius K. Nyerere, *Freedom, Non Alignment and South-South Cooperation* (Dar es Salaam: Oxford University Press, 2011), pp. 179-180.

19. Julius K. Nyerere, *Africa Today and Tomorrow* (Dar es Salaam: The Mwalimu Nyerere Foundation, 2000), pp. 20-23.

20. Ellen Johnson Sirleaf, *This Child Will Be Great: Memoir of a*

*Remarkable Life by Africa's First Woman President* (New York: Harper Perennial, 2010), p. 327.

21. Julius K. Nyerere, *Freedom and Development* (Dar es Salaam: Oxford University Press, 1973), p. 58.

22. Benjamin William Mkapa, *My Life, My Purpose: A Tanzanian President Remembers* (Dar es Salaam: Mkuki na Nyota Publishers Ltd., 2019), p. 159.

23. Martin Meredith, *The State of Africa: A History of the Continent Since Independence* (London: Simon & Schuster, 2011), pp. 249-259.

24. Julius K. Nyerere, "The Chairman's Preface," *The Challenge to the South: The Report of the South Commission* (Oxford: Oxford University Press, 1990), p. vii.

25. Devaki Jain, "Looking Back at the South Commission," *Economic and Political Weekly* 51. 9 (February 27, 2016): 63.

26. Julius K. Nyerere, *Freedom, Non Alignment and South-South Cooperation* (Dar es Salaam: Oxford University Press, 2011), p. 191.

27. Ibid., p. 195.

28. Ibid., p. 182.

29. Julius K. Nyerere, "Speech at Danish Foreign Society," Copenhagen, 1990.

# 第六章　尼雷尔与非洲

韩　红[*]

## 一、引言

风起云涌的非洲民族解放运动孕育了很多杰出的领导人，“非洲贤人”尼雷尔则是其中的佼佼者。他和许多非洲国家的第一代领导人有颇多相似之处：祖祖辈辈都在乡村生活、以畜牧为生；在家里和族群中，长者拥有绝对权威；虽然在殖民地土生土长，他们却是最早接受西方教育的非洲人；他们认为自己的使命就是立足非洲本土文化，在取其精华去其糟粕的同时，吸收借鉴发达资本主义国家的长处，造福非洲民众，重振非洲信心，提高非洲和非洲人的国际地位。[1]

尼雷尔与许多非洲第一代领导人的不同之处在于：他温和稳健，凭借自己的远见卓识、宽广胸襟、高尚人格和超凡魅力，为改变坦桑尼亚乃至整个非洲的命运立下不朽功绩。坦桑尼亚人亲切地称他为“国父”，南部非洲国家尊称他为“指引我们走向

---

* 韩红，北京物资学院外国语言与文化学院副教授，发表论文数十篇，代表作有：《马赛文化的主要载体——马赛男子》《斯瓦希里语——东非一体化的助推器》以及《世界史展览中的非洲展品——透过展品看非洲文明》等；与团队合作出版：专著《非洲部族文化纵览》第一辑和第二辑以及编著《非洲社会与文化》(一)(二)(三)。

独立和解放的导师”，西方国家则普遍称赞他是“一位少见的廉洁的非洲领导人”。在短暂的一生中，尼雷尔获奖无数，他获得的众多称号和荣誉是非洲同时代其他领导人无法企及的，其中包括：1974年，获得“尼赫鲁国际理解奖”（Jawaharlal Nehru Award for International Understanding）；1982年2月，第三世界基金会授予的“第三世界奖”（Third World Prize）；1983年10月，联合国难民署颁发的“南森奖”（Nansen Medal for Services to the Cause of Refugees）；1992年，获得联合国教科文组织颁发的“国际西蒙·玻利瓦尔奖”（The International Simón Bolívar Prize）；1995年获得“甘地国际和平奖”（Gandhi Peace Prize Award）。2000年6月10日，坦桑尼亚执政党坦桑尼亚革命党（Chama Cha Mapinduzi）召开全国代表大会，决定追授尼雷尔“世纪政治家”（The Century Statesman）称号。[2]

尼雷尔胸怀天下，爱护百姓，普通民众的疾苦让他牵肠挂肚。他从政府层面着手，利用国家机构，竭尽所能改善民生，取得了一定成效。[3]作为国家最高领导人，他生活简朴，廉洁奉公，模范遵守党纪国法，决不允许家人享受特权或者营私舞弊。尼雷尔至今依然在坦桑民众中享有崇高威望。对于坦桑尼亚人民而言，朱利叶斯·坎巴拉吉·尼雷尔不是高高在上的国家最高领导人。他既是坦桑尼亚的“独立与联合之父”，更是一位循循善诱的导师，被尊称为“牧瓦利穆”。他主张社会平等、民族和谐、国家独立、自力更生，深得百姓拥护。尼雷尔倡导“乌贾马”社会主义和自力更生的《阿鲁沙宣言》，努力将非洲传统家庭模式的精华与现代社会的组织架构有机结合，去芜存菁。[4]他为坦噶尼喀的独立、坦桑尼亚联合共和国的建立以及坦桑尼亚各民族大融合作出了无人能及的历史性贡献。

20世纪70—80年代，非洲有不少国家的执政党主席（或总书记）或是理所当然地成为总统，或是将党政军大权控制在一个人手中，权力大大加强。据统计，1988年，撒哈拉以南非洲的45国中，有36个国家的国家首脑直接兼任政府首脑或内阁部长。[5]因此，处于权力巅峰的尼雷尔执意引退的行为就格外引人瞩目，他说，“坦桑尼亚需要新领导去解决新问题”，让“更有能力的领导人”在新形势下领导坦桑人民发展经济。[6] 1985年，尼雷尔以民族和国家利益为重，不顾全党和全国人民的挽留，主动让位，告老还乡。

从1961年坦噶尼喀独立到1985年退位让贤，尼雷尔在总统职位上殚精竭虑、辛勤耕耘了24个春秋。1990年，他辞去坦桑尼亚革命党主席的职位。退休时，他两袖清风。卸任后的尼雷尔放弃都市生活，义无反顾回到家乡布提亚马，和普通百姓一样下地种田，甘之如饴。尼日利亚前总统奥卢塞贡·奥巴桑乔（Olusegun Obasanjo）卸任后也回到自己的农庄。他曾经感慨道：尽管（和自己相比）尼雷尔有更多拖拉机，但是他却永远不可能发家致富。[7]

在完成民族解放斗争以后的半个世纪中，非洲各国一共产生了约150位国家首脑，而自愿放弃权力的只有6位，其中包括塞内加尔总统桑戈尔（Léopold Sédar Senghor，在位20年），喀麦隆开国总统哈吉·阿赫马杜·阿希乔（Haji Ahmadou Ahidjo，在位22年）以及尼雷尔（在位24年）。[8]当时，即使放眼全世界，主动让位的领导也屈指可数，淡泊名利、“能上能下”的尼雷尔赢得了国内外的广泛尊敬。

尼雷尔与其他非洲领导人的区别还在于：他强调宣传教育工作的重要性，注重双向沟通。[9]为此，他充分发挥自己精通英语和斯瓦希里语的优势，千方百计对内教育动员、对外公关发声。对内，“牧瓦利穆”通过讲故事、摆道理的方式娓娓道来，谆谆教导坦桑人民和其他非洲人，其语言浅显易懂，其形象生动鲜活，其内容发人深省。对于非洲同胞，他哀其不幸，催其奋进，千方百计提振非洲人的自信心和自豪感，呼吁非洲同胞不等不靠，自力更生。千里之行，始于足下，尼雷尔用一则浅显的寓言故事说明了行动的重要性。蜈蚣幼虫问妈妈："我有这么多条腿，要先迈哪条腿呢？"妈妈回答说："动起来，孩子，先动起来再说。"[10]

他呼吁非洲国家团结互助，求同存异，艰苦奋斗，直到实现将殖民主义者和少数白人统治者彻底扫地出门的共同目标。他构想非洲统一的工作模式，强调大局观的重要性。对外，尼雷尔则是"公关大师"。他用不卑不亢的态度、掷地有声的语言向国际社会发声，深刻揭露殖民主义者和白人少数政权的残暴统治；无情抨击不公正的国际经济旧秩序；抓紧一切机会争取更多友好国家、正义力量和国际舆论的支持与帮助。

## 二、非洲民族解放运动的推动者

尼雷尔治国有方，将坦桑尼亚联合共和国缔造成为一个稳定的大家庭。坦桑尼亚联合共和国由两个独立的政治实体联合构成——位于陆地部分的坦噶尼喀（Tanganyika）和印度洋中的桑给巴尔群岛（Zanzibar）。Tanzania一词涵盖了Tanganyika和Zanzibar两个地理概念。这两部分的合并既是时代产物，更是两国领导人合作协商的结晶。联合共和国的国土总面积为94.5万平方公里，其中桑给巴尔群岛仅占2657平方公里。虽然两部分实力悬殊，但是坦桑领导人充分兼顾这种差距，照顾实力较弱的一方：岛屿面积仅相当于陆地面积的1/355，但是联合共和国的成立赋予桑岛极高的地位。时至今日，坦桑尼亚联合共和国已经走过半个多世纪的风风雨雨，在坦式"一国两制"国策的指引下，国家稳定、人民团结。

由于民族和宗教矛盾不断、冲突频仍，非洲部分国家乱象丛生，同样多种族、多民族、多语言、多宗教的坦桑尼亚能够独善其身，实属难能可贵。20世纪60年代以来，尽管坦桑尼亚的邻国时而由于民族冲突和宗教矛盾出现政局动荡甚至骇人听闻的大屠杀，但坦桑国内总体政局稳定、社会安宁。今天的坦桑尼亚国家认同成效显著，风景这边独好，这一切都要归功于坦桑尼亚联合共和国缔造者的远见卓识。面对错综复杂的国内环境，尼雷尔采取一切手段，消弭民众之间可能产生的矛盾和冲突，特别注重宣传和培养全体国民的国家意识。相比非洲其他开国总统，尼雷尔带来的不仅是民族独立，更重要的是，他在坦桑社会中播撒下持久和平与和谐团结的种子。尤其难能可贵的是，坦桑这个稳定的大家庭进而成为南部非洲解放运动坚如磐石的后方和大本营。

泛非运动可以划分为三个阶段：20世纪初，第一届泛非大会的召开标志着泛非运动的开端；始于20世纪60年代的第二阶段以非洲独立国家为中心，以1963年非洲统一组织（Organization of African Unity，简称“非统”）成立为标志，见证了非洲多国的独立进程；2002年非洲联盟（African Union，简称“非盟”）的成立标志了泛非运动的第三个阶段。[11]尼雷尔在第二阶段中起到了举足轻重的作用，不可替代，无出其右。他的成就主要表现在以下三个方面：首先，带领坦桑尼亚人民为南部非洲民族解放运动提供了各种力所能及的支援和帮助；其次，为推动非洲一体化进程擘画蓝图、宣传呐喊、凝心聚力。此外，作为非洲的一分子，他积极向国际社会发声，为非洲的民族解放运动正名，争取国际社会的支持和援助。尼雷尔长期担任非洲统一组织解放委员会①（Coordinating Committee for the Liberation of Africa）主席以及非洲

① 非统组织解放委员会：1963年5月，在埃塞俄比亚首都亚的斯亚贝巴举行的非洲统一组织的成立大会上，与会领导人决定成立非统组织解放委员会。1994年6月，非统组织第30届首脑会议于突尼斯召开，会上做出了正式解散解放委员会的决定。

前线国家①（the Frontline States）首脑会议首任主席。非统解放委员会总部设在达累斯萨拉姆，许多南部非洲解放运动的总部都曾设在这里，位于达市中心的办公大楼至今仍被称为"解放大楼"[12]。尼雷尔带领坦桑尼亚人民，为南部非洲解放事业出谋划策，提供力所能及的经济、军事和人员方面的支持。在争取非洲独立和反殖斗争期间，尼雷尔在联合国及其专门机构、英联邦、不结盟运动、七十七国集团、非统和许多其他组织的会议上多次发表演讲，呼吁全世界共同抵制殖民主义和种族隔离政策，终结不公平的世界经济旧秩序。他广交朋友，用自己的人格魅力和无私品德为非洲赢得支持和帮助，堪称"世界级政治家"。他的挚友包括瑞典前首相奥洛夫·帕尔梅（Olof Palme）和周恩来总理等。

加纳国父克瓦米·恩克鲁玛（Kwame Nkrumah）首先提出："除非整个非洲得到解放，否则他自己的国家——加纳，不可能彻底解放。"尼雷尔借用该论断说明将非洲解放事业进行到底的重要性：这句话适用于1957年的加纳，后来适用于1961年的坦噶尼喀，现在适用于今天的坦桑尼亚。因为，非洲是一个整体。"除非我们整个大陆都能从殖民主义和种族主义中解放出来，否则没有哪一个非洲国家的独立是安全的。"[13]尼雷尔主动提出将非统组织解放委员会的总部设在坦桑尼亚首都达累斯萨拉姆②。[14]20世纪60—70年代，坦桑尼亚成为非洲民族解放运动的"圣地"。许多非洲国家的解放组织，如南非非洲人国民大会（ANC）、泛非洲人大会（PAC）、津巴布韦非洲民族联盟（ZANU）、津巴布韦非洲人民

① 前线国家成立于1970年，成员国包括安哥拉、博茨瓦纳、莱索托、莫桑比克、斯威士兰、坦桑尼亚、赞比亚。津巴布韦于1980年加入。其宗旨是：成员国之间协调一致应对南非种族隔离政策，并且在南部非洲解放运动中采取统一行动。

② 达累斯萨拉姆（Dar es Salaam）是坦桑尼亚原首都。1974年，坦桑尼亚议会决定把坦桑首都迁往内地城镇多多马（Dodoma）。

联盟（ZAPU）、莫桑比克解放阵线党（FRELIMO）、西南非洲民族联盟（SWANU）、西南非洲人民组织（SWAPO）等都在达市设有办事处和训练营地。解放委员会负责整个地区的资金、供应链和武器运送，还要协调内部纷争。曼德拉造访解放委员会的时候，就目睹了坦桑政府在协调罗得西亚民族主义者之间的纠纷，为他们提供无线电设备和武器，支持他们与殖民主义者展开斗争。尼雷尔实际上扮演了南部非洲民族解放运动幕后总指挥、总后台的角色。1997年，时任南非总统曼德拉在欢迎来访的尼雷尔时说道："回忆起尼雷尔为非洲大陆争取自由所作的贡献，我们都相形见绌。"[15] 乌干达总统穆塞维尼（Yoweri Museveni）曾经说过：所有乌干达爱国者都应该永远感谢尼雷尔及坦桑尼亚人民的无私贡献，他永远视尼雷尔为父辈人物。[16]

中国驻坦桑尼亚大使馆前公使衔参赞苟皓东先生在《中非之路：坦赞铁路沿线访谈录》（*Uhuru: The Story of Tanzania-Zambia Railway*）一书的序言中也提道：

> 坦桑尼亚是南部非洲民族独立运动的大本营，当年津巴布韦非洲民族联盟、安哥拉人民解放运动、莫桑比克解放阵线党、南非非洲人国民大会的许多秘密据点就隐藏在达累斯萨拉姆的背街小巷里。罗伯特·加布里埃尔·穆加贝、萨莫拉·马谢尔、纳尔逊·曼德拉、阿戈什蒂纽·内图①都曾是尼雷尔总统的常客。[17]

① 罗伯特·加布里埃尔·穆加贝（Robert Gabriel Mugabe，1924—2019）是津巴布韦前总统。萨莫拉·马谢尔（Samora Machel, 1933—1986）是莫桑比克开国总统。纳尔逊·曼德拉（Nelson Mandela, 1918—2013）是南非首任黑人总统。阿戈什蒂纽·内图（Agostinho Neto, 1922—1979）是安哥拉人民解放运动党主席、安哥拉人民共和国首任总统。

1965年，大范围旱情导致坦桑尼亚一些重要经济作物减产，同时部分重要出口商品的国际市场价格大幅下跌，[18]这两大因素严重制约了国民经济发展。雪上加霜的是，同年11月11日，因为坚决反对英国支持南罗得西亚少数白人政权单方面宣布独立，坦桑尼亚于12月15日宣布与英国断交，因而失去了英国政府提供的援助，以及约定的一笔750万英镑的贷款。[19]即便如此，尼雷尔依然为非洲其他国家的民族解放运动慷慨解囊，提供道义支持、军事和经济援助，毫不吝啬、不求回报。在一次会议期间，大卫·马丁提到“一些非洲国家没有向非洲解放委员会缴纳会费”。在马丁发誓保密以后，尼雷尔给他看了一份文件，其内容是当年坦桑尼亚用于推动非洲解放事业的预算，涉及在安哥拉、几内亚比绍、莫桑比克、津巴布韦、西南非洲①和科摩罗群岛开展的反殖民主义以及反少数白人统治的斗争。预算金额让马丁大吃一惊，因为数目远远超过坦桑尼亚政府对外公布的数字。如果看到坦桑尼亚这个贫穷的非洲国家在物质和精神两方面为推动非洲解放事业做出的巨大牺牲和无私奉献，那些一味看重物质财富的人应该感到无地自容。[20]

其中，坦桑尼亚对莫桑比克的支持和帮助尤为突出。尼雷尔亲自招募爱德华多·蒙德拉纳（Eduardo Mondlane）担任莫桑比克解放阵线党主席，直到后者1969年遭暗杀身亡。[21] 20世纪60年代初，坦桑尼亚开始帮助莫桑比克解放阵线训练自由战士，准许

---

① 西南非洲（South-West Africa）即今天的纳米比亚。位于非洲大西洋沿岸，北邻葡属安哥拉殖民地，南接英国开普殖民地（今南非境内）。1884年8月，德国成为西南非洲的保护国。1904—1907年，德国残酷镇压赫雷罗族（Herero）人民起义，其统治被动摇。1914—1915年，为英帝国作战的南非军队占领了西南非洲。一战结束后，国际联盟将该地区委托给英国，由南非联邦负责管理。经过长期的解放斗争，1990年3月21日，纳米比亚共和国正式成立，成为非洲统一组织第51个成员国。纳米比亚独立在非洲去殖民化进程中占有特殊地位，标志着殖民主义在非洲大陆的终结。

其武装力量从坦桑尼亚南部边境地区渗入莫桑比克，开展游击活动，成为后者争取独立战争的可靠的大后方。莫桑比克1975年独立以后，坦桑尼亚继续提供帮助，协助其巩固政权。例如，坦桑尼亚曾派50名教官，帮助莫桑比克把原解放阵线游击队整编成正规军。[22]

坦桑尼亚和赞比亚之间的深厚友谊最好地印证了尼雷尔对其他非洲国家的无私援助和支持。坦赞两国国土接壤，两国之间有着唇亡齿寒、休戚与共的关系，是全天候的“拉菲克”（rafiki，斯瓦希里语“朋友”一词）。坦桑尼亚北与肯尼亚和乌干达交界，南与赞比亚、马拉维、莫桑比克接壤，西与卢旺达、布隆迪和刚果民主共和国为邻，东临印度洋。1964年4月，在坦桑尼亚联合共和国成立之际，除了莫桑比克依然被葡萄牙殖民者控制以外，其他七个邻国都已经获得独立。1964年10月24日，北罗得西亚（Northern Rhodesia）正式宣布独立，成立赞比亚共和国。赞比亚地处非洲中南部，是个内陆国，北靠刚果民主共和国，东北邻坦桑尼亚，东面和马拉维接壤，东南和莫桑比克相连，南接津巴布韦、博茨瓦纳和纳米比亚，西面与安哥拉相邻。独立之初的赞比亚四面楚歌，举步维艰。一方面，除了刚果民主共和国、坦桑尼亚和马拉维以外，其他五个邻国——安哥拉、纳米比亚、博茨瓦纳、南罗得西亚（今天的津巴布韦）以及莫桑比克依然处于殖民统治之下。另一方面，赞比亚的经济高度依赖采矿业，铜矿业是其经济命脉。独立以后，赞比亚失去了通过南部非洲国家出口铜矿的通道，找到替代线路的任务刻不容缓。独立后仅仅一个月，有了中国领导人的大力支持，尼雷尔和赞比亚总统卡翁达（Kenneth David Kaunda）宣布了坦赞两国共建坦赞铁路（TAZARA）的重要决定。

修建坦赞铁路主要出于两个目的：一是利用坦赞铁路，将赞比亚的铜矿石运到达累斯萨拉姆港，然后出口，同时进口赞比亚需要的物资。二是利用坦赞铁路运送非洲民族解放运动的战士、物资以及武器。虽然铁路带动了沿线经济，但这并不是坦桑尼亚参与修建铁路的初衷。为了修建这条“自由之路”，坦桑政府和人民作出了重大贡献。尼雷尔认为，坦桑尼亚有责任给予赞比亚人道主义援助，帮助它彻底摆脱殖民时期遗留下来的困局。他郑重表态，并且说到做到：

> 我们对赞比亚的承诺是不会变的。无论赞比亚所需的货物或人员来自何方，我们都愿意允许将其运至赞比亚，以使其在维护自身利益的同时，继续同史密斯①政权作斗争。[23]

对于发生在非洲独立国家的军事政变，尼雷尔深恶痛绝。1971年，乌干达的阿明（Idi Amin Dada）推翻时任总统米尔顿·奥博特（Milton Obote），尼雷尔收留了后者，全面打击阿明政权。1978年，尼雷尔利用阿明扬言要打到达累斯萨拉姆的机会，联合乌干达国内各反对势力进行反击，击垮阿明独裁政权，扶持奥博特复位，这是坦桑尼亚联合共和国历史上唯一的一次对外用兵。

在国际舞台上，尼雷尔代表非洲国家持续发声，说明非洲民族解放运动的正当性和必要性，争取国际社会的同情与支持。1966年，尼雷尔在美国《外交评论》季刊上发表《南部非洲背景下的罗得西亚》一文，用大量事实诠释了生活在葡属殖民地以及受南非种族隔离政策高压控制的非洲人民的悲惨生活：

---

① 伊恩·道格拉斯·史密斯（Ian Douglas Smith，1919—2007）是前南罗得西亚以及津巴布韦政治家，1964—1965年出任英属自治殖民地南罗得西亚总理。1965年11月11日，史密斯发表单方面《独立宣言》，宣告从英国独立，同时组建白人少数政府。1965—1979年间，史密斯担任南罗得西亚总理。

首先，非洲很多地区和人民依然处于葡萄牙殖民者的控制之下。安哥拉、莫桑比克、南非、西南非洲和罗得西亚的葡萄牙殖民地约占非洲大陆七分之一的面积，约12%的非洲人口居住在这些地区。而且每个地区都在种族不平等和少数民族统治的原则下用不同的方式被管理着。[24]

其次，依据种族隔离政策，南非白人政府对包括黑人在内的有色人种实行严苛的高压统治。现在没有法律或政治约束能阻止南非联邦的白人政府实施种族隔离制度。黑人要经由允许才能住在或者离开自己的“国家”；要经由允许才能在某个特定的地方工作，从事某项特定职业；需要随时随地随身携带通行证（passbook），并且时刻都可能因为莫须有的罪名被逮捕。他们没有任何法律途径来决定自己的工资、就业环境、住所和生活条件，也无权参与国家管理。[25]

作为一名坚定的泛非主义者，尼雷尔痛恨殖民主义者和白人种族主义者对非洲人民的残酷剥削和无情迫害，坚决抵制大国对小国颐指气使、指手画脚。一方面，坦桑尼亚说到做到，用实际行动表明自己的政治立场，不惜牺牲本国的经济利益。例如，坦桑尼亚在独立后率先中断了坦噶尼喀向南非提供劳工的协议。[26]另一方面，他慷慨陈词，要求改变不合理的世界经济秩序，为独立后积贫积弱的非洲争取更多发展红利。在题为《非洲继承的十字架》这篇演讲中，对于非洲和世界发达国家之间的关系，他做出如下判断：非洲的落后、贫穷与其他地区的富裕和技术进步不无关系。世界现存的财富分配模式是新独立的非洲各国依然背负的沉重负担。[27]

## 三、非洲一体化的设计师和践行者

就非洲而言，尼雷尔是一位富有人格魅力、具有远见卓识、开明的、温和的泛非主义者。在非洲大陆内部，他极力倡导各国独立自主、互相尊重、团结合作、自力更生。他终生致力于非洲一体化进程，把它看作是最终实现非洲统一的必经阶段。他强调各国在保持独立（independence）的同时，还要相互依赖（interdependence），既独立自主，又团结互助。对他而言，非洲人民的福祉既是非洲统一的唯一正当理由，也是实现这一目的的唯一途径。

1968年6月21日，在为周恩来总理举办的答谢宴会上，尼雷尔发表演讲。在热情讴歌“建立在尊重和平等原则之上的中坦友谊”的同时，他提道：

> 我的国家仍然感到不够自由，因为非洲不自由。坦桑人民知道，他们被侮辱是因为他们身处非洲。我们的兄弟姐妹因肤色被侮辱。我的国家和非洲其他已经独立的国家下定决心一起改变这种情形。[28]
>
> 我们还要进行长期不懈的斗争；新殖民主义的阴谋有时会使我们在解放进程中走弯路。但是，非洲统一组织一定会领导非洲胜利走向自由和尊严，走向统一。自由非洲的统一是我们的终极目标。我期待有一天，我不再以坦桑尼亚联合共和国总统的身份来中国，因为到那时世人眼里已经没有坦桑尼亚这个国家——只有非洲。[29]

面对周恩来这位坦桑尼亚人民的好朋友，尼雷尔用朴实无华的语言表明自己的心迹，“非洲统一的重要性高于一切”。为此，他甘愿放弃作为国家领导人的头衔和特权，心甘情愿当一名普普通通的非洲人。虽然普通，但是可以当家作主、自由选择适合非洲的发展道路。在他看来：

“非洲人”一词可以包括任何以非洲为家的人，不管他是黑色人种、棕色人种还是白色人种。[30]

非洲人不是欧洲人，不能成为欧洲人，也不想成为欧洲人。我们需要成为属于非洲的非洲人，做非洲的主人，有权决定自己在经济、文化和政治等方面的未来发展方向。[31]

一战结束以后，在英、法等战胜国忙着瓜分德国的非洲殖民地之际，以民族自决为宗旨的泛非主义运动逐渐兴起。泛非主义不仅强调民族解放，而且号召全世界非洲人后裔互相支援，团结合作。相同的悲惨命运使得泛非主义旗帜跨越了地理和宗教界限，将非洲精英们紧紧凝聚在一起。泛非主义认为：

只有团结协作、消除非洲种族主义者人为分割非洲的种种恶果，才能更好地维护所有非洲人的利益。[32]

非洲早期的民族解放运动领导人几乎都是泛非主义者，其中最著名的当属加纳国父恩克鲁玛、塞内加尔总统桑戈尔、尼日利亚首任总统纳马迪·阿齐基韦（Nnamdi Azikiwe）、几内亚开国总统塞库·杜尔（Sékou Touré）等。1945年，西非民族解放运动的发起人恩克鲁玛在《殖民地走向自由之路》（*Towards Colonial Freedom*）一书中指出：要实现非洲统一，西非殖民地必须首先联合起来。[33] 1963年，在其代表作《非洲必须统一》（*Africa Must*

*Unite*）一书中，他充分论证了“统一非洲大陆及其岛屿的必要性”。[34]同年，非洲统一组织成立。如果说恩克鲁玛是非洲大陆泛非主义思想的奠基人，同为非统发起人的尼雷尔就是推动非洲一体化进程的设计师。他的非洲统一观坚定而务实——实现非洲统一才是非洲解放运动的终极目标。尼雷尔终生致力于推动这一进程，不但运筹帷幄，而且身体力行，直到生命的最后一刻。

首先，在国内稳定的大前提下，尼雷尔大力推动建立两个区域性组织——东非共同体（East African Community, EAC，简称“东共体”）和南部非洲发展协调会议（Southern African Development Coordination Conference, SADCC）。

在坦桑尼亚独立以前，尼雷尔曾有意延缓本国的独立，等待邻国肯尼亚和乌干达，以便东非三国作为一个联邦国家一道独立。1963年6月5日，尼雷尔同肯尼亚总统乔莫·肯雅塔（Jomo Kenyatta）和乌干达总理奥博特在内罗毕就成立联邦事宜举行会谈，随后发表了三国计划建立东非联邦的联合声明，联合声明还向桑给巴尔发出加盟邀请。[35]但是这一想法未能实现。关于整体规划东非三国的重要性和必要性，尼雷尔指出：

> 如果将东非市场结成一个整体，投资就会来找我们，而不是我们去求别人，正是由于各国的独自行动，才导致我们的贫穷落后……我们应该将整个东非市场当作一个整体来规划。[36]

乌干达、肯尼亚和坦桑尼亚三国分别于1962年10月、1963年12月和1964年4月建国。三国之间拥有悠久的区域合作历史。1967年12月1日起生效的《东非共同体条约》使得三国能够控制和管理共同关心的事务，处理彼此之间的商业往来和工业合作。

对于东共体运作中的困难，尼雷尔有着清醒的认识：合作仅限于主权国家间的经济一体化；缺乏有效的政策制定机构和沟通机制；各国都以本国利益为重，摩擦不可避免。[37]尽管如此，尼雷尔依然认为，东共体可能会发展壮大，在东非地区吸收更多成员国，共同开展区域团结合作。[38]

令人遗憾的是，层出不穷的矛盾分歧最终导致东共体于1977年解体。对此，尼雷尔心情沉重：

> 今天，三国领导人签署协议，宣布东共体正式解体。我不能假装今天是值得东非自豪的一天。但是，过去的已经过去，我们必须从错误中吸取教训，继续前行。[39]

1979年7月，安哥拉、博茨瓦纳、莫桑比克、坦桑尼亚和赞比亚等九国的经济部长在坦桑尼亚阿鲁沙召开会议，决定成立南部非洲国家之间的经济合作组织——南部非洲发展协调会议。该组织的宗旨是减少对南非经济的依赖；建立公正有效的区域性整体；开发本国和本地区资源；争取国际社会的支持。1980年4月1日，南部非洲发展协调会议在赞比亚首都卢萨卡正式成立。尼雷尔对构建和壮大区域合作寄予厚望：

> 南部非洲发展协调会议和东共体通过坦桑尼亚的双重成员身份而得以重叠，这是完全可能的，我确信南部非洲发展共同体和新东非共同体在某些时候将会合并。如果成为现实，它将会使几乎整个东部和南部非洲的稳定、经济发展和集体自立得以制度化和强化。在未来15到20年里，这片辽阔地区可能会成为非洲的东盟。非洲的这块次区域也会因为其战略地位成为与亚洲和拉丁美洲合作的先锋，相互获益。[40]

在坦桑尼亚土生土长，在英国求学的经历使尼雷尔能够比较并且洞察非洲和西方文化的优势与劣势，非洲传统文化的精髓赋予他浓厚的非洲情怀。他坚信取得民族独立只是马拉松赛跑的第一段，必须将非洲统一事业进行到底。为此，尼雷尔甚至发出警告："没有统一，非洲就没有前途。"[41]只有在所有非洲同胞不再因为自己的肤色遭受歧视和羞辱的时候，每个人才可能过上有尊严的生活。因此在最终胜利来临之前，必须坚持不懈地战斗。只要殖民主义和种族主义依然在非洲大陆阴魂不散，任何人都不可能真正自由地、和平地、有尊严地生活。非洲各国也无法集中精力发展经济，而通过发展经济增加非洲民众的福祉是进行政治革命的一个重要原因。因此，尼雷尔多次撰文，阐明"推进非洲统一的重要性和必要性"。例如，1963年1月，在剑桥大学出版社出版的《现代非洲研究杂志》上，尼雷尔发文指出：

> 非洲统一目前只是产生于殖民主义历史和压迫的一种情绪。在能够真正对我们的未来产生积极影响之前，仍需用经济和政治方式对它进行强化和传播。在反抗殖民统治、争取民族独立时期，因为目标相同，非洲人民同仇敌忾，团结互助。取得独立以后，各国之间渐行渐远，出现了地区分裂局面，非洲呈现出"巴尔干化"趋势。非洲的巴尔干化是其软弱的根源，帝国主义和新帝国主义势力会采用"分而治之"的惯用伎俩来削弱非洲，强化他们自己的统治力量。[42]

1963年5月25日，31个非洲独立国家的首脑在埃塞俄比亚首都亚的斯亚贝巴通过了《非洲统一组织宪章》，非洲统一组织正式成立。非统的成立是非洲国家和人民走上团结合作、共同反帝反殖道路的重要标志。它赋予非洲大陆从未有过的政治团结和集体身份，开启了一个新时代，孕育了新希望。

然而，非洲民族解放运动的进程远非一帆风顺，非统和非洲各国面临着内忧外患的重重危机。除了帝国主义和新帝国主义势力企图继续采用“分而治之”的惯用伎俩来削弱非洲以外，在非统组织成立前后，在新独立的很多非洲国家内部，民族主义的激情消退以后，殖民地遗留问题、地方民族不同的利益诉求等又浮出水面，成为阻碍非洲各国安定团结、破坏非洲统一大业的拦路虎。1963—1967年，非洲多国发生军事政变。1963年1月13日，多哥总统斯尔法纳斯·奥林匹欧（Sylfanus Olympio）被军人政变推翻并遇刺身亡。同年8月，刚果（布）爆发“八月革命”，菲勒贝尔·尤卢（Fulbert Youlou）政权被推翻。1965年6月19日，阿尔及利亚副总理兼国防部长胡阿里·布迈丁（Houari Boumediene）发动政变，推翻阿国首任总统本·贝拉（Ahmed Ben Bella）政权，建立革命委员会，自任主席兼总理。同年11月，刚果民主共和国国民军总司令蒙博托（Mobutu Sese Seko）发动政变，推翻该国首任总统卡萨武布（Joseph Kasavubu），自任总统。1966年1月1日，中非共和国国防部长让–贝德尔·博卡萨（Jean-Bédel Bokassa）发动军事政变后自任总统，该国此后发生多次政变。同年1月16日，尼日利亚伊博族青年军官约翰逊·阿吉伊–伊龙西（Johnson Aguiyi-Ironsi）发动政变上台，该国此后发生多次军事政变。同年2月24日，有美国支持的军事政变推翻了加纳的恩克鲁玛政府，约瑟夫·亚瑟·安克拉（Joseph Arthur Ankrah）出任全国解放委员会主席，此后加纳发生多次军事政变。[43]此外，1967年6月至1970年1月，尼日利亚内战也造成了空前惨烈的人道主义灾难。

此起彼伏的政治乱象和紧张局势使得非统大局一度陷入绝望深渊。为了激励泛非主义者摒弃前嫌、凝心聚力、继续斗争，

1967年4月9日，尼雷尔利用在阿拉伯联合共和国①议会发表演讲的机会，再次阐明非洲统一的根本原因是“为了非洲人民的福祉”：非洲统一的唯一目的是“实现非洲人民的真正自由——没有外部压迫，摆脱贫困，避免非洲国家之间可能发生的战争”。[44]

为了阐明独立后的非洲国家继续战斗、争取真正独立的必要性，尼雷尔讲述了一个“越狱”故事。孤岛的监狱里关押着一群政治犯，他们整天忍饥挨饿，动辄挨打。惨无人道的待遇让他们怒火中烧，于是他们策划一起越狱。他们每晚偷偷地挖地道，几个月以后，他们终于成功出逃。狱友们穿过监狱和大海之间的沼泽和森林地带，一路上战胜了大自然的各种挑战，击退了追逃的敌人。非常幸运的是，他们在海边找到一艘小船，于是扬帆起航，踏上了归途。尽管筋疲力尽，大家心情轻松。然而，由于被暂时的胜利冲昏了头脑，他们忽视了很多潜在的危险：警船还在搜捕他们；海里暗流湍急；海浪瞬息万变，最后船沉了。大部分人溺水身亡，幸存者被再次投入监狱。因为高兴得太早，他们不但没能实现最终目标，而且千辛万苦取得的成果刹那间化为乌有。[45]

何为“真正的国家独立”？如果仅取得法律和政治意义上的独立，却没有决定本国政策的自由，这样的国家不可能生存下去。无论是个人还是国家，一旦丧失自由和独立地位，就将一无所有。一个穷人如果卖身为奴，可以换取一时的利益，但是他无法摆脱主子的操控，这些好处也未必长久。国家也是如此。一旦一个国家为了利益出卖自由，或者任由外国势力操纵，它就丧失了国格。人民被剥削、被压迫，寄人篱下、仰人鼻息，永远低人一等，国家能否发展完全取决于外国势力的需求和愿望。为了能

① 阿拉伯联合共和国是埃及和叙利亚在1958年2月合并组成的一个主权国家，叙利亚于1961年9月28日退出。

够按照国情和需要选择适合自己的发展道路，非洲国家决不能卑躬屈膝，任人摆布，“扶贫”首先要“扶志”，只有自力更生，方能丰衣足食。

面对根深蒂固的殖民主义以及不公正、不合理的国际旧秩序，尼雷尔指出：团结合作是非洲统一的唯一出路。任何一个非洲国家的动荡、贫穷、瘟疫都会影响非洲其他国家。没有国家能够独善其身。非洲的统一意味着非洲国家的联合——将每个国家的独立主权合并成统一主权，增加非洲大陆的实力，增强非洲在世界舞台上的话语权。在殖民时代，殖民主义国家通过“分而治之”的方法将非洲大陆化整为零、蚕食鲸吞，进行残酷的直接或间接统治。旧殖民主义者被推翻以后，新生的非洲各国必须打破这个枷锁，继续战斗，直至获得全局性的真正独立，所有非洲国家才能安全。正所谓“独行快，众行远”。他把非洲各国和非统之间的关系比作“一群兄弟”和“绳索桥”[46]：兄弟们同时经历一场劫难，不得已被迫登上一座绳索桥，所有人都负重前行，步履蹒跚。如果绳索桥宽阔厚实，过桥就轻而易举，而且大家能够互帮互助，不会出现一个人脚下不稳，晃动绳索，其他人就跟着摔倒的情况。这个寓意深刻的故事形象生动地说明了非统和非洲各独立国家之间的关系：非统这座坚实的绳索桥可以帮助非洲各国度过政治难关，并且能让彼此更轻松地应对面临的经济和社会重责。一方面，团结互助的兄弟们可以抱团取暖；另一方面，他们能够共同保护、不断加固非统这座跨越“不团结”鸿沟的“桥梁”，可以通过开展多种地区间技术合作的方式来巩固它。但是必须要有大局观和长远眼光，决不能让局部事件损害或妨碍非洲大陆的统一。

在非洲统一的宏伟目标面前，对于如何实现这一目标，统一哪些人等重大问题，泛非主义者之间存在着重大分歧。对于国家权力和非洲最高权威机构的关系、国与国之间的相处之道、统一非洲的工作方式、非洲统一事业的内外关系原则等重大问题，尼雷尔做出了深思熟虑。1968年2月26日在对西非进行国事访问期间，尼雷尔总统在象牙海岸①做了题为《统一必须包容差异》的演讲，强调了求同存异的重要性：

> 非洲统一必须包容非洲的多样性，主张统一问题要优先于意识形态上的分歧：自由后的非洲有38个独立国家，各国国情不同，国家的政治制度和经济组织之间的差异不可否认。发展会进一步扩大差异。只能接受差异，团结合作。求同存异是团结的前提。[47]

对待多样性的宽容态度是实现和保持统一的关键。统一并不能解决所有问题。只有非洲国家间最大限度的宽容、耐心和奉献才能推动统一进程；并且在实现统一目标以后，保证其延续性。“牧瓦利穆”常讲的以下故事说明了一个殊途同归的道理：两个来自不同国度的人相约在一个土地肥沃的山腰地带相见，这个地方离他俩都很远。一位必须先穿越沙漠，另一位则不得不穿越雨林和沼泽，跨越河流，爬山是各自旅程的最后阶段。出发前，俩人做了精心准备，都携带了登山用的绳索和棍子，第一个人还带了很多水，第二个人学会了游泳和造船技能，轻装上阵。虽然方式和策略不同，他们最终顺利会合。在尼雷尔看来，最有诚意的团结与合作是国与国之间的相处之道，也是非洲大陆各国之间合作共赢的前提和基础。尼雷尔用“非洲统一三原则”的提法，阐明了国家权力和非洲最高权威机构之间的关系：

① 象牙海岸即科特迪瓦。“科特迪瓦”是法文“象牙海岸”（Côte d'Ivoire）的中文音译。从1986年1月1日起，象牙海岸正式改国名为“科特迪瓦共和国”。

> 首先，各民族、所有国家必须拥有自主选择政治、经济体制的权力，因为它们与人民生活休戚相关。其次，在制定安排非洲各民族间合作计划时必须认识到，任何参与一方不可以只顾一己之私，罔顾他人利益，每一方都必须考虑别人的需求和愿望。最后，必须接受非洲的最高权威，与任何外部关系相比，非洲内部各民族之间的手足情义和合作关系才是第一位的。[48]

因此，各国都无权插手或干涉别国的内部事务。每个国家都有责任、有权力决定自己的发展道路。但是我们能够，也必须团结一致。基于阿拉伯联合共和国的模式，尼雷尔对统一非洲的工作方式做出了如下规划：

> 非洲统一必须有一个一致对外发声的宣传机构，让世界听到非洲的声音；要有统筹负责非洲防务的军事机构，保护非洲不被外部势力侵犯或者颠覆；要有协调和促进非洲整体发展的经济制度，促进非洲大陆各国的繁荣。这就意味着要统一货币、统一关税制度，还要制定其他方方面面的制度以促进经济和社会发展。[49]

对于非洲统一事业的内外关系原则，尼雷尔言简意赅地提出“做自豪的非洲人，不做种族主义者”：

> 非洲统一运动并不是要敌视欧洲、亚洲或者美洲。一个人对非洲的忠诚必然超越他与任何一个非非洲组织的关系，然而这并不意味着他敌视外部组织。我们不是反白人的恐怖

> 分子，并不想以牙还牙；我们希望在自己的国土上，人类平等得以维护，人类尊严得到捍卫，反种族主义的思想得以伸张。[50]那些选择留在非洲的前殖民地居民不再享受特权，要遵纪守法，比非洲人更勤奋地工作。[51]

摆脱殖民统治、取得民族独立只是非洲大陆迈出的一小步。独立后的非洲国家面临着重重问题：彻底解放非洲大陆、多民族社会的国家建构、资本主义与国家控制权之争、民主化的性质及其形式以及区域一体化。[52]这些问题的解决没有可以借鉴或者复制的模式，只能在实践中摸索前进。时至今日，这些问题依然是非洲国家发展的绊脚石。与其说尼雷尔给出了这些问题的答案，不如说他审时度势，锲而不舍、专心致志应对非洲面对的关键问题。穷其一生，他都是非洲坚定的“牧瓦利穆”。即便到了20世纪80年代，非洲统一进展缓慢，非洲合众国的梦想渐行渐远，尼雷尔仍然坚持“非洲是一个整体”的泛非主义思想。[53]为了探寻这些问题的解决方案，他殚精竭虑，纵横捭阖，矢志不渝，无怨无悔，直至生命的尽头。

## 四、伟大的“非洲之子”

1999年10月14日，惊闻尼雷尔病逝的消息，多国领导人发唁电表示哀悼，称赞他是非洲争取自由的先驱领袖、20世纪世界最伟大的政治家之一。60多个国家派代表团出席坦桑尼亚政府为尼雷尔举行的国葬。在77年的人生旅程中，他留下了无比珍贵的历史遗产，对坦桑尼亚社会和人民、非洲国家乃至国际社会均具有深远影响。

2015年，非盟用尼雷尔的名字为非盟和平与安全理事会（The

AU Peace and Security Headquarters）总部大楼命名，以此来纪念他的不朽功勋。[54]尼雷尔拥有很多称号——“非洲英雄”“非洲的老师”等，但是在笔者看来，他更是一位“非洲的好儿子”，深爱着生于斯长于斯的这片土地和生活在这片热土上的非洲同胞。尽管从小在教会学校学习，接受了天主教的洗礼，但是，尼雷尔对于自由和尊严的孜孜以求主要源自他要解放全体非洲人的初心，他的“人人平等”的博爱思想更多地植根于悠久灿烂的非洲民族传统。乌班图（Ubuntu）哲学起源于南部非洲，是恩古尼人①形容人性或美德的词汇。其精神包括两层含义：“人道待人”（对别人仁慈）和“天下共享，连接众人”（人与人之间的共同体）。两层意思互相关联，相辅相成。[55] 2006年，曼德拉用一个例子解释了它的深刻内涵：“我们年轻的时候，如果一个陌生人在村里停留，他不必讨要食物或水，当地人就会招待他。”[56]乌班图精神的丰富内涵构成了非洲共享价值观的伦理基础，该价值观包括“人与自然的和谐”、人道主义、仁爱、平等、共享、宽容、和解、合作等精神内涵，它认为“只有在与他人的关系之中，个人的存在价值才能实现”[57]。它强调人的道德责任和家庭责任，重视照顾他人（包括陌生人），因为他们也是人类成员。“非洲贤人”尼雷尔身上集中体现了这些优秀品质。非洲传统文化和哲学滋养了他，他的思想和行动就是反哺非洲的最好方式。

尼雷尔平和、宽容、稳健、务实。但是对他而言，非洲人民和非洲国家的利益至高无上，不可侵犯。为了捍卫非洲大陆的解放和团结、非洲主权国家的国际地位、非洲人民的平等和尊严，他不气馁、不放弃、不妥协，为了自己的信仰——希望、爱和尊

---

① 恩古尼人（Nguni）是居住在南非、斯威士兰和津巴布韦的讲班图语的相关族群。南非第一大族——祖鲁族（Zulu，人口约1000万）；南非第二大族——科萨族（Xhosa，人口约800万）以及聪加族（Tsonga，主要分布在南非和莫桑比克）等都属于恩古尼人的分支。

严而奋斗终生。除了不遗余力地帮助非洲各国取得民族独立以外，坦桑尼亚还慷慨地接纳了来自周边国家的难民，总数最多时超过百万。尼雷尔逝世后，卢旺达驻坦桑尼亚的一位大使曾这样表示："坦桑尼亚是敞开大门接纳卢旺达难民的唯一国家，并使他们成为国民。"[58] 1993年，布隆迪爆发图西族和胡图族之间的武装冲突。由于尼雷尔的国际声望，他被联合国和非统组织推举为布隆迪和谈国际调解人。[59]虽然已是古稀老人，疾病缠身，他依然为促成布隆迪冲突各派达成和解出谋划策，四处奔走，为布隆迪的民族和解作出了重要贡献，是非洲当之无愧的和平使者。

时势造英雄，但是缔造改天换地的新世界远非一日之功。历史的车轮不可阻挡，尼雷尔的很多设想和展望正在逐渐变为现实。1992年8月17日，南部非洲发展协调会议成员国首脑在纳米比亚首都温得和克签署了有关建立南部非洲发展共同体（Southern African Development Community, SADC，简称"南共体"）的条约、宣言和议定书，决定将南部非洲发展协调会议扩大为南共体，以实现地区经济一体化为目标。南共体现有成员国16个，包括安哥拉、博茨瓦纳、津巴布韦等国。根据南共体提供的数据，2018年，南共体总人口为3.45亿，成员国国内生产总值达到7213亿美元。为了表彰南共体创始人之一的尼雷尔在南部非洲社会发展中作出的杰出贡献，在1986年的卢安达峰会上，南共体将第一枚南共体卡马勋章（SADC Sir Seretse Khama Medal）颁发给了尼雷尔。[60]

在全球化程度不断加深的背景下，坦桑尼亚、肯尼亚和乌干达决定恢复东非共同体。1999年11月30日，三国重新签署了《东非共同体条约》。与强调经济合作的旧东共体不同，新东共体明确将东非国家政治一体化视为最高目标。此后，卢旺达（2007年6月）、布隆迪（2007年6月）和南苏丹（2016年3月）先后加入了该区域组织。六国秉承尼雷尔提倡的次地区一体化精神，成员国之间的合作范围从经济拓宽到更多领域。2019年，东共体总人口为1.77亿，国内生产总值接近2000亿美元。[61]

除了东共体和南共体，非洲大陆的其他全局性和地区性组织不断涌现，合作程度日益加深。其他重要的地区性组织还有东南非共同市场（Common Market for Eastern and Southern Africa, COMESA）、西非国家经济共同体（Economic Community of West African States, ECOWAS）等。绝大多数非洲国家都加入了至少一个非洲的区域性组织，这充分说明非洲各国政府重视和看好非洲区域发展一体化的前景。

2021年5月25日是第58个"非洲解放日"。在非洲驻华使团举行的庆祝招待会上，坦桑尼亚驻华大使姆贝尔瓦·凯鲁基阁下（H. E. Mbelwa Kairuki）发表演讲，[62]列举了以下振奋人心的数字：2021年1月1日，非洲国家间的贸易正依照《非洲大陆自由贸易协定》（African Continental Free Trade Area，AfCFTA）的精神和原则进行。在55个非洲国家①中，签署和批准该协定的国家数量分别达到54个和37个。此外，3/4的非盟成员国已经提交关税削减计划，63%的成员国向AfCFTA秘书处提交了初步的特别承诺计划。所有这些数字都充分表明非洲各国对于促进非洲内部贸易的高度重视和庄严承诺。非洲区域性组织的起死回生和不断发展壮大，充分印证了尼雷尔的高瞻远瞩、立意深远，更能说明其前瞻性和正确性。

坦桑尼亚苏库因农业大学（Sokoine University of Agriculture）的基纳博（L. Kinabo）教授赋诗一首，向尼雷尔致以崇高敬意，感谢他用自己的人格魅力和高尚品德，教会大家包容和解，接受

① 55个非洲国家：对阿拉伯撒哈拉民主共和国（即"西撒哈拉"Western Sahara）的国家身份，各国和世界组织持不同态度，非盟承认其国家地位。中国未承认，没有建立外交关系。

多样性：

《和平、正义、民主、人性、团结和友爱》[63]

再见了，牧瓦利穆，
坦桑尼亚的伟大支柱，
非洲的伟大支柱，
所有热爱和平的人的伟大支柱！

您教会了我们，
如何思考，
如何倾听，
如何鞭策，
如何辩论，
如何说服，
如何坚持。

您的魅力、谦逊和智慧，
教会了我们
如何接受多样性，
个体多样性，
社区多样性，
部落多样性，
民族多样性，
国家多样性，
宗教多样性，
信仰多样性，

文化多样性，
哲学多样性。

一路走好，牧瓦利穆，
伟大的非洲之子！
安详地离开，
告诉
恩克鲁玛、卢蒙巴、
纳赛尔、马谢尔：
“非洲仍然需要他们，
需要他们的护佑，
让非洲成为新的千年大陆。”

安息吧，牧瓦利穆！

**引用文献：**

1. Paul Bjerk, *Julius Nyerere* (Athens: Ohio University Press, 2017), pp. 14-15.

2. 东同体尼雷尔和平研究中心，accessed June 6, 2022, https://www.juliusnyerere.org/about/category/honoraries_and_awards。

3. Issa G. Shivji, Saida Yahya-Othman and Ng'wanza Kamata, *Development as Rebellion: A Biography of Julius Nyerere, Book Three: Rebellion Without Rebels* (Dar es Salaam: Mkuki na Nyota Publishers Ltd., 2020), p. xvii.

4. 朱利叶斯·尼雷尔：《尼雷尔文选》（第四卷：自由与解放，1974—1999），谷吉梅、廖雷朝、徐红新、苏章海译，沐涛译校，华东师范大学出版社，2015，前言第1页。

5. 葛佶、陈公元、陈宗德、刘颖编:《简明非洲百科全书（撒哈拉以南）》，中国社会科学出版社，2000，第174页。

6. 裴善勤编著:《坦桑尼亚》，社会科学文献出版社，2008，第127页。

7. Phyllis Johnson, Snezana Korica, *Julius Nyerere: Asante sana, Thank You, Mwalimu* (Kent: The House of Books, 2015), p. 7.

8. Martin Meredith, *The State of Africa: A History of Fifty Years of Independence* (London: Simon & Schuster UK Ltd, 2006), p. 379.

9. 朱利叶斯·尼雷尔:《尼雷尔文选》(第四卷：自由与解放，1974—1999)，谷吉梅、廖雷朝、徐红新、苏章海译，沐涛译校，华东师范大学出版社，2015，第16–17页。

10. 朱利叶斯·尼雷尔:《尼雷尔文选》(第二卷：自由与社会主义，1965—1967)，李琳、徐宜修、王磊译，张忠祥译校，华东师范大学出版社，2015，第243页。

11. 李安山:《非洲现代史》(下册)，华东师范大学出版社，2021，第297页。

12. 裴善勤编著:《坦桑尼亚》，社会科学文献出版社，2008，第123页。

13. 朱利叶斯·尼雷尔:《尼雷尔文选》(第四卷：自由与解放，1974—1999)，谷吉梅、廖雷朝、徐红新、苏章海译，沐涛译校，华东师范大学出版社，2015，第182页。

14. Phyllis Johnson, Snezana Korica, *Julius Nyerere: Asante sana, Thank You, Mwalimu* (Kent: The House of Books, 2015), p. 7.

15. 南唐、陈铁源:《"世界级政治家"尼雷尔》，《世界知识》1999年第21期，第25页。

16. 付吉军:《尼雷尔及其遗产》，《西亚非洲》2001年第3期，第

60页。

17. 张勇主编:《中非之路：坦赞铁路沿线访谈录》，浙江大学出版社，2019，序言（二）第3页。

18. 朱利叶斯·尼雷尔:《尼雷尔文选》(第二卷：自由与社会主义，1965—1967)，李琳、徐宜修、王磊译，张忠祥译校，华东师范大学出版社，2015，第102页。

19. 裴善勤编著:《坦桑尼亚》，社会科学文献出版社，2008，第541页。

20. Phyllis Johnson, Snezana Korica, *Julius Nyerere: Asante sana, Thank You, Mwalimu* (Kent: The House of Books, 2015), p. 12.

21. Paul Bjerk, *Julius Nyerere* (Athens: Ohio University Press, 2017), p. 62.

22. 裴善勤编著:《坦桑尼亚》，社会科学文献出版社，2008，第123页。

23. 朱利叶斯·尼雷尔:《尼雷尔文选》(第二卷：自由与社会主义，1965—1967)，李琳、徐宜修、王磊译，张忠祥译校，华东师范大学出版社，2015，第75页。

24. 同上书，第91页。

25. 同上书，第92页。

26. 裴善勤编著:《坦桑尼亚》，社会科学文献出版社，2008，第123页。

27. 朱利叶斯·尼雷尔:《尼雷尔文选》(第四卷：自由与解放，1974—1999)，谷吉梅、廖雷朝、徐红新、苏章海译，沐涛译校，华东师范大学出版社，2015，前言第1页。

28. 朱利叶斯·尼雷尔:《尼雷尔文选》(第三卷：自由与发展，1968—1973)，王丽娟、聂莹、王磊译，舒运国译校，华东师范大学出版社，2014，第32页。

29. 同上。

30. 朱利叶斯·尼雷尔:《尼雷尔文选》(第一卷:自由与统一,1952—1965),韩玉平译,沐涛译校,华东师范大学出版社,2015,第79页。

31. 朱利叶斯·尼雷尔:《尼雷尔文选》(第二卷:自由与社会主义,1965—1967),李琳、徐宜修、王磊译,张忠祥译校,华东师范大学出版社,2015,第91页。

32. Paul Bjerk, *Julius Nyerere* (Athens: Ohio University Press, 2017), pp. 19-20.

33. D. Zizwe Poe, *Kwame Nkrumah's Contribution to Pan-Africanism: An Afrocentric Analysis* (New York and London: Routledge, 2003), p. 44.

34. Kwame Nkrumah, *Africa Must Unite* (New York: Frederick A. Praeger, 1963), p. 15.

35. 裴善勤编著:《坦桑尼亚》,社会科学文献出版社,2008,第146页。

36. 朱利叶斯·尼雷尔:《尼雷尔文选》(第三卷:自由与发展,1968—1973),王丽娟、聂莹、王磊译,舒运国译校,华东师范大学出版社,2014,第252页。

37. 朱利叶斯·尼雷尔:《尼雷尔文选》(第二卷:自由与社会主义,1965—1967),李琳、徐宜修、王磊译,张忠祥译校,华东师范大学出版社,2015,第24–25页。

38. Issa G. Shivji, Saida Yahya-Othman and Ng'wanza Kamata, *Development as Rebellion: A Biography of Julius Nyerere, Book Three: Rebellion Without Rebels* (Dar es Salaam: Mkuki na Nyota Publishers Ltd., 2020), p. 233.

39. Phyllis Johnson, Snezana Korica, *Julius Nyerere: Asante sana, Thank You, Mwalimu* (Kent: The House of Books, 2015), p. 76.

40. 朱利叶斯·尼雷尔:《尼雷尔文选》(第四卷：自由与解放，1974—1999)，谷吉梅、廖雷朝、徐红新、苏章海译，沐涛译校，华东师范大学出版社，2015，第298页。

41. 李安山:《非洲现代史》(下册)，华东师范大学出版社，2021，第297页。

42. 朱利叶斯·尼雷尔:《尼雷尔文选》(第一卷：自由与统一，1952—1965)，韩玉平译，沐涛译校，华东师范大学出版社，2015，第58页。

43. 李安山:《非洲现代史》(下册)，华东师范大学出版社，2021，第572–573页。

44. 朱利叶斯·尼雷尔:《尼雷尔文选》(第二卷：自由与社会主义，1965—1967)，李琳、徐宜修、王磊译，张忠祥译校，华东师范大学出版社，2015，第210页。

45. 朱利叶斯·尼雷尔:《尼雷尔文选》(第四卷：自由与解放，1974—1999)，谷吉梅、廖雷朝、徐红新、苏章海译，沐涛译校，华东师范大学出版社，2015，第60页。

46. 朱利叶斯·尼雷尔:《尼雷尔文选》(第三卷：自由与发展，1968—1973)，王丽娟、聂莹、王磊译，舒运国译校，华东师范大学出版社，2014，第11页。

47. 同上书，第9–10页。

48. 同上书，第10页。

49. 同上书，第13页。

50. 同上书，第86页。

51. 朱利叶斯·尼雷尔:《尼雷尔文选》(第二卷：自由与社会主义，1965—1967)，李琳、徐宜修、王磊译，张忠祥译校，华东师范大学出版社，2015，第91页。

52. Saida Yahya-Othman, Issa G. Shivji and Ng’wanza Kamata,

*Development as Rebellion: A Biography of Julius Nyerere, Book One: The Making of a Philosopher Ruler* (Dar es Salaam: Mkuki na Nyota Publishers Ltd., 2020), Endorsements: p. 1.

53. 张忠祥:《尼雷尔非洲统一观析论》,《历史教学问题》2017年第3期，第100页。

54. Phyllis Johnson, Snezana Korica, *Julius Nyerere: Asante sana, Thank You, Mwalimu* (Kent: The House of Books, 2015), p. 4.

55. 李安山:《非洲现代史》(下册)，华东师范大学出版社，2021，第273页。

56. 同上书，第275页。

57. 同上书，第278页。

58. 付吉军:《尼雷尔及其遗产》,《西亚非洲》2001年第3期，第62页。

59. 裴善勤编著:《坦桑尼亚》，社会科学文献出版社，2008，第550页。

60. Phyllis Johnson, Snezana Korica, *Julius Nyerere: Asante sana, Thank You, Mwalimu* (Kent: The House of Books, 2015), p. 4.

61. 东非共同体网站，accessed August 26, 2021, https://www.eac.int/overview-of-eac#:~:text=The%20EAC%20is%20home%20to%20177%20million%20citizens%2C, and%20prospects%20for%20the%20renewed%20and%20reinvigorated%20 EAC。

62. 北京大学非洲研究中心，accessed May 29, 2021, https://caspu.pku.edu.cn/docs/20210628083948653377.pdf。

63. Phyllis Johnson, Snezana Korica, *Julius Nyerere: Asante sana, Thank You, Mwalimu* (Kent: The House of Books, 2015), p. 114.

# 第七章　尼雷尔与苏联

图尔荪·克麦尔尼亚孜*

“我确信美国人将会去太空，可能是月球。苏联人也将会去太空和月球，但在可见的未来坦桑尼亚人哪儿都不去。当其他人能静静往前走时，我们必须得跑。”[1] 1962年1月，在达累斯萨拉姆市中心一家外交人员入住的宾馆的餐厅里，苏联代表团总顾问维亚切斯拉夫·乌斯蒂诺夫（Vyacheslav Ustinov）听了尼雷尔的这番话之后，深深感受到了这位新独立国家的元首快速兴国的雄心和壮志。这一次非正式“餐桌会谈”也成为苏联和尼雷尔的最初建交对话之一。在此期间，谈到莫斯科，尼雷尔表示了自己对苏联社会的极大兴趣，也向苏联代表团透露了自己想访问苏联，看看社会主义国家及其百姓生活的真诚愿望。尼雷尔为何对苏联产生了如此强烈的兴趣呢？作为跨文化先驱，他与苏联之间有着哪些值得回忆的事情呢？而这些事实又反映出尼雷尔怎样的人格与风格呢？

---

* 图尔荪·克麦尔尼亚孜，北京大学外国语学院世界文学研究所博士研究生，专业为比较文学与世界文学。

# 一、独辟蹊径，道路选择

选择与命运息息相关，尼雷尔也不例外。

非洲有个叫坦噶尼喀的地方，其北部维多利亚湖附近有一个小村庄，名叫布提亚马（Butiama）。这村里的扎纳基（Zanaki）部落的酋长是尼雷尔·布里托（Nyerere Burito）。身为部落之首的他，一生共娶了22位妻子。1922年4月13日，他的第5个妻子姆伽亚·尼娅贡贝（Mugaya Nyang'ombe）生下了一个男孩，是布里托酋长的第26个孩子。酋长夫人亲自给他取名为坎巴拉吉（Kambarage）。他的童年，跟大部分游牧部落的孩子一样，帮助家人照顾家畜和放牛。12岁那年，他哥哥爱德华（Edward）和村里的几位长老发现这个小孩子非常聪明。于是，他们设法说服布里托酋长送他去读书。经过几次劝说后，他父亲终于同意了。幼年的尼雷尔成为这么多孩子里被选中的最幸运的一个，1934年便开启了求学之路。从此，他的命运开始从牛仔转向另一个未知方向。求学期间，他好学不倦，成绩斐然。为了纪念自己的偶像朱利叶斯·凯撒（Julius Caesar），他取了个天主教名字叫朱利叶斯。[2] 1945年，朱利叶斯·坎巴拉吉·尼雷尔（Julius Kambarage Nyerere）以优异的成绩从"马克雷雷学院教育学专业"[3]毕业，开始在圣玛利亚学院（St. Mary's College）任教，当上了"生物和历史老师"[4]。4年后，他又赴英国爱丁堡大学深造，于1952年获得硕士学位，成为"第一位获得文科硕士学位的坦噶尼喀人"[5]。奋发上进的尼雷尔不负众望，证明了他们的选择是正确的，自己就是"天之骄子"。布里托酋长可能没有想到，自己的小小选择会孕育出一位国家领导人。而恰是这一选择让尼雷尔走出了非洲，接触了欧洲的社会主义思潮。这为他后来成为社会主义者奠定了最初的基础。

当众人认为尼雷尔会成为一名教育家时，他的人生面临了新的选择，发生了另一次转折。在圣弗朗斯学院（St. Francis College）任教期间，受过高等教育的他发现了欧洲与自己长时间被殖民的祖国之间的巨大差距。面对长期成为他国托管地的祖国和被剥夺权利的人民，他开始反思。作为第一位万人瞩目的高学历人才，他想为自己的国家和同胞做点实事。然而，他发现部落化根深蒂固的托管地没有一个登高一呼的领袖。于是，他自己开始投身于民族解放和争取独立的事业。1954年，他带头创建了坦噶尼喀非洲民族联盟（TANU，简称“坦盟”）并当选了首任主席。一年后，他面临从政还是从教的选择。为了国家独立和民族解放，他选择了前者，开始专心致力于建国大业。这时，有不少人怀疑他的政治能力，他本人也感受到了来自美国、英国等国家政客们的强烈干涉和阻碍。奋发图强的尼雷尔带领坦盟和120多个部落，主张以非暴力手段获取独立，揭露了帝国主义的残酷掠夺和殖民主义的血腥镇压，并取得了非凡的成就。1961年12月坦噶尼喀宣布独立，次年同月坦噶尼喀共和国成立，1964年4月坦噶尼喀和桑给巴尔携手成立联合政府，6个月后改名为坦桑尼亚联合共和国。[6]尼雷尔一步一步取得胜利，实现了民族独立，向外界证明了非洲大陆的团结能力和联合精神。选择从政，可谓彻底改变了尼雷尔的人生轨迹，原本要当教育家的他，却成了国家元首。这给尼雷尔提供了按照自己的计划实施社会主义发展规划的权力和政治环境。

值得一提的是，尼雷尔不走西方道路，而选择社会主义，是有原因的。第一，在苏格兰求学期间，对罗马帝国史产生了极大兴趣的他，接触了费边社会主义（Fabian Socialism）思想。在一次访谈中，他曾回忆说：“至于社会主义，我首次接触的是欧洲，主要是英国的社会主义。”[7]费边主义认为由资本主义到社会主义的实现，是一个渐进而必然的转变过程。而且他亲眼看到了费边社会主义思想在英国等地所产生的社会改革效应。第二，尼雷尔坚信社会主义的目标与自己的发展目标是一致的。他认为实现人人平等和幸福是社会主义的目标，而自己所要建设的就是这样一个所有人民幸福、自由、平等和团结的社会。第三，资本主义给尼雷尔留下的印象不好。求学期间和从政前后，尼雷尔接触资本主义，观察西方社会，他认为资本主义社会就是社会阶级分明、贫富差距极大、少数人囤积财富、鼓励个人占有欲的社会。[8]而且美国等资本主义阵营国家一直千方百计控制尼雷尔。第四，非洲传统家庭所呈现的特点也影响了尼雷尔的选择。当时的非洲部落式家庭尽管存在一些不同，但基本上都有同样的行为和态度，他总结其整体特点为“基本的平等、自由与团结”[9]。这与尼雷尔所坚信的社会主义目标非常相似。在他看来，这为非洲式社会主义提供了“先决条件”。第五，也是最关键的原因是苏联等社会主义国家的迅速强大，这引起了尼雷尔的浓厚兴趣。20世纪60年代，作为社会主义的领头羊，苏联进入了全盛时期。这一时期的苏联，经济突飞猛进，国内国泰民安，人民丰衣足食。而且，这时的苏联正好是在向东和向南扩展影响力的时期，所以他们非常乐意帮助那些对西方资本主义抱有敌对态度的发展中国家，把他们拉到社会主义阵营中来，壮大自己阵营是他们首要的政治目标。这也是尼雷尔对苏联产生极大兴趣的另一个原因。总之，就尼雷尔而言，社会主义才是坦桑尼亚的唯一出路。所以受够了资本主义和殖民主义压迫的尼雷尔，选择了社会主义道路，成为“非洲的社会主义者”[10]。

从此，尼雷尔在实现自己社会主义远大理想的道路上，越走越远。尼雷尔在一篇《社会主义：理性的选择》的文章中讨论道：“就坦桑尼亚这样的国家而言，社会主义是唯一的选择；即便它想建立资本主义，这条路也是行不通的。”[11]他坚信社会主义才是坦桑尼亚的立国之道，为此他做了一系列工作。首先，他于1961年12月修改宪法，将社会主义正式定为国家发展目标。尼雷尔修改宪法，从根本上保证了这一道路的合法性和重要性。其次，他提出建设非洲特色社会主义。尼雷尔发现苏联或者其他国家的社会主义不完全适合非洲，不能照搬他人之道。为了突出这一特色，1962年4月尼雷尔在达累斯萨拉姆市专门做了题为《乌贾马：非洲社会主义的基础》的主旨发言。这次公开演讲中，尼雷尔正式提出并确立了最适合本国的社会主义，即乌贾马社会主义。这是以非洲传统的村社为基础的“大家庭”式的社会主义社会。根据尼雷尔的定义，非洲社会主义的基础是以家族为单位的大家庭。[12]尼古拉·科苏钦（Nikolai Kosukhin）等苏联研究人员认为这是“民族解放运动思想家提出的最有影响和最有趣的社会主义理论之一”[13]。最后，1967年初，尼雷尔颁发《阿鲁沙宣言》，从领导层出发，更加明确了社会主义对坦桑尼亚领导人的要求。以社会主义农村发展为核心、自力更生为基础的这一宣言标志着尼雷尔率领坦桑尼亚全面走向社会主义建设道路。无论是建国初期的修改宪法，还是全面提出乌贾马社会主义的公开演讲或是颁布的宣言，尼雷尔一步一步推进乌贾马社会主义建设事业，从法律、民众、领导三个层面做自己能做的所有工作，保证其得以有效实施。在尼雷尔的理论中，社会主义的基本目标是安居乐业，基本设想是人人平等。它意味着每个男性和女性个体，不论其肤色、外形、种族、宗教信仰，都是社会中平等的一分子，享受平等的社会权利，履行平等的社会义务。[14]他为实现这一基本目标所采取的一系列举措充分说明了他对社会主义道路的坚定信念和不懈追求，而他的信念和执着也离不开苏联的支持和援助。

## 二、向苏求援，百折不挠

20世纪中叶起，美苏两大阵营通过种种手段争抢非洲大陆，为自己站队。他们尽力拉拢新独立的非洲国家，扩大自己的影响范围。不过，尼雷尔成为一国之主后，他从国情实际出发制定了明确目标：建设一个具有自己特色的社会主义国家。在他的坚持和带领之下，坦桑尼亚人民逐步走向自己想要的社会主义道路。这表明坦桑尼亚与苏联是同道之人，意味着坦桑尼亚进入了社会主义阵营。坦桑尼亚除了依靠来自东德、瑞典、加拿大、联合国等方面的援助外，后来主要靠的是苏联和中国的援助。众所周知，20世纪60年代，苏联是社会主义阵营里首屈一指的超级大国。无论是工业还是农业，当时的苏联都处于世界领先地位。而坦桑尼亚则刚摆脱殖民统治，“工业只占国民生产总值的7%”[15]，很难保证国民的基本温饱。此外，它也算不上农业大国。建国大业，除了自力更生外，也需要外援。因此，来自苏联这样强国的扶持是急需的。尼雷尔为了获得苏联的援助可谓千方百计，不折不挠。

与苏联建交初期，尼雷尔有三次主动靠近苏联求援。第一次发生在坦噶尼喀还没有独立之时。尼雷尔于1960年5月派坦盟领导秘密访问苏联。据报道，坦盟两位女性领导比比·提提·穆罕默德（Bibi Titi Mohamed）和露西·拉麦克（Lucy Lameck）受尼雷尔委托，对苏联和中国进行了官方访问。此次出访的主要目的是获得苏联和中国对他们独立建国的支持和认可，取得苏联的援助是此次访问的另一个目的。比比·提提·穆罕默德在接受斯瓦希里语报纸《非洲人报》（*Mwafrika*）的采访时说道：“坦噶尼喀人不是共产主义者，但如果苏联给我们提供教育，我们会毫不犹豫地送我们孩子去。因为我们急需技术人员、农业专家、科学家和医疗队伍。”[16]此次出访原则上是保密的，特别是向西方保密。不过，坦噶尼喀的反对派公布了他们与中国领导人的一张合影从而曝光了他们此次访问的秘密。[17]第二次是1962年1月。尼雷尔在位于达累斯萨拉姆市中心的一家宾馆的餐厅里，与苏联代表团总顾问维亚切斯拉夫·乌斯蒂诺夫进行了前面所述的“餐桌会面”。第三次是在总统尼雷尔的安排下，1964年8月，时任第二副总统拉希德·卡瓦瓦（Rashidi Kawawa）率领代表团访问莫斯科。此次代表团中包括被认为与苏联关系密切的桑给巴尔总理阿卜杜拉·卡西姆·汉加（Abdullah Kassim Hanga）等人。尼雷尔派出的代表团此次以意识形态为由呼吁苏联提供援助。卡瓦瓦认为:“变革是重要且急需的，否则新殖民主义将会继续存在。英国和美国不准备在这方面提供帮助，因为他们不会摧毁新殖民主义。”[18]暗示坦桑尼亚作为社会主义的变革者，应得到苏联的帮助。他们向苏联提出的具体援助项目包括修建铁路，开发坦桑尼亚南部的钢铁和煤炭资源，建立一系列大型国有农场，建设几个水力发电厂。他们还请求苏联将向桑给巴尔军队提供的军事援助的范围扩大到包括坦桑尼亚的军队。[19]显然，他们的期望过高、目标过大。当然，如果背后没有尼雷尔，他们应该不会有此胆识。无论是派坦盟领导秘密访苏，还是自己会见苏方非正式代表团或是派高官访苏，尼雷尔是积极的、乐观的。他每隔两年与苏方直接打交道，想方设法促进坦苏关系，千方百计为国为民寻求外援。事实上，尼雷尔在建国之初是多么渴望获得苏方的援助和投资。

遗憾的是，尼雷尔的主动求援并没能及时引起苏联高层的兴趣和行动。他们直接拒绝了军事援助的建议，也表示不想参与修建铁路、建设农场、开采钢铁和煤炭等长期项目。苏方还直言不讳地劝导坦桑尼亚领导“把精力集中在能迅速获得回报的轻工业上”[20]。可以看出，苏方并没有被尼雷尔的热情所感动。不过，尼雷尔用同样的方式向中国派人求援，却取得了丰厚的成果，比如，卡瓦瓦副总统率团访问北京，获得了“中国的1000万英镑贷款”[21]。后来，坦方也获得了英国、瑞典、加拿大等国家的高额贷款和多个相关项目。这在某种程度上给苏联带来了压力。

终于，尼雷尔的不懈努力有了回报。在苏联看来，坦桑尼亚是一个“很有政治前途”[22]的国家，开始主动靠近尼雷尔，向坦桑尼亚伸出援手，给予了大量军事、工业和基础设施等方面的资助。首先，是军事建设。1964年3月底，苏方为了提高坦桑尼亚的国防军事能力，派出了“一艘武器船、几辆车辆和教官”[23]。其次，是工业发展。考虑到坦桑尼亚的工业基础，苏联给尼雷尔提供了“4200万美元的工业援助”[24]。最后，最重要者，是教育和基础设施建设。卡瓦瓦副总统两手空空而归四个月后，1964年12月，苏方代表团抵达达累斯萨拉姆，他们这次带来了五年发展规划。此规划包括了苏方感兴趣的十一个项目，比如，联合开发坦桑尼亚南部的钢铁和煤炭资源，建设基维拉河（Kiwira）水力发电站，联合发展海洋和淡水渔业，在塔波拉（Tabora）和多多马（Dodoma）建造制冷厂以及修建一所技术学院和配备人员等。[25]不过，尼雷尔发现这“十一项计划”给坦桑尼亚带来的利益甚微。比如，苏方给坦桑尼亚提供年利息为2.5%的贷款，而这些贷款必须全部用于购买那些项目所需的苏联设备和支付苏联人员的费用。[26]因此，尼雷尔等人没有立马接受苏联的“十一项计划”，想通过谈判为坦桑尼亚争取更多合作利益。这花了两年的时间。其间，尼雷尔很焦虑，他很想得到苏联的援助，又不想被苏方占便宜。1966年5月，尼雷尔终于安排阿米尔·贾马尔（Amir Jamal）赴莫斯科重新启动“十一项计划”项目谈判。贾马尔虽然没能为坦桑尼亚争取更多的利益，但他没让尼雷尔失望。他终于跟苏方达成协议，确定了“十一项计划”，并补充签订了1800万卢布贷款。[27]

在为国为民向苏联求援的过程中，尼雷尔表现出了坚持不懈的精神。虽然坦苏在20世纪60年代初才开始正式建立外交关系，但尼雷尔早在坦盟时期就秘密派人访苏，争取取得他们的支持。后来，在达累斯萨拉姆偶遇俄罗斯代表团时，尼雷尔也抓住机会，与他们在宾馆的餐厅进行会谈。之后，尼雷尔还亲自委派副总统赴莫斯科争取军事援助和经济资助。这三次，看似次次都无果而终，其实不然。尼雷尔每隔两年向苏联表达自己的诚意和诉求，可以说是后来苏联主动找上门来，向尼雷尔伸出援手的催化剂。当然，这里也有其他国家表现得格外积极让苏方感到压力的原因。尼雷尔认为，借助外部力量，才能更迅速、更有效地加快国家建设的步伐。百折不挠的尼雷尔，想方设法获得了苏联在军事、工业、基础设施等方面的大量物资、资金、人力和技术等援助。这不仅巩固了尼雷尔的政治地位，而且为他赢得了国际影响力和为国为民百折不挠的领导形象。

## 三、笔诛墨伐，皮里阳秋

谈到尼雷尔与苏联，有一个政治事件不得不提。

1968年，苏联军队出人意料地入侵捷克斯洛伐克领土。这在达累斯萨拉姆引起了公众的愤怒和抗议浪潮。8月22—23日，苏联大使馆几乎被游行的民众封锁。当时，警察很难控制抗议者，尤其是学生。同时，大批民众聚集在捷克斯洛伐克驻坦桑尼亚大使馆外，对时任捷克斯洛伐克领导亚历山大·杜贝克（Alexander Dubček）表示支持和声援。24日，莫斯科给尼雷尔总统发来紧急照会，告知他苏联及其“华沙条约组织”盟友做出的“艰难决定”，并解释了正在履行“国际责任”的社会主义国家完全是出于对捷克斯洛伐克人民利益的保护而这么做的。这份照会要求时任苏联驻坦桑尼亚大使馆总顾问阿尔卡迪·格鲁霍夫（Arkadi Glukhov）等人向尼雷尔总统和坦桑尼亚政府提出，希望他们对此事表示理解和支持。第二天，为了及时转达莫斯科的指示，阿尔卡迪·格鲁霍夫和苏联临时代办萨姆索诺夫（G. A. Samsonov）二人去拜会了尼雷尔总统。尼雷尔以极为官方和冷漠的态度接见了他们，静静地听完萨姆索诺夫的转达后，冷冷地谢了他一声。尼雷尔放慢语速，小心翼翼地选择并组织语言，以极慢的语速向萨姆索诺夫表达了自己的观点。提到苏联政府的这次军事行动，尼雷尔表示这应该是一件艰难的任务，似乎想暗示此次侵略行动的合理性。不过，尼雷尔接着引出《联合国宪章》的“不能干涉他国内政，尊重他国主权”原则。他特意强调无论是小国还是强国，都应遵守这项国际原则。最后，尼雷尔以总统身份表明坦桑尼亚政府和人民对苏联持有尊重和友好的态度，但自己不能够同意和接受他们所给出的解释和军事理由。

显然，尼雷尔心里明白，苏联的此次军事行动是不合法的侵略行为。他对苏联侵略弱小国家的行为感到震惊。与萨姆索诺夫临时代办谈论此事时，尼雷尔尽力控制自己的情绪，表现得格外冷静，他并没有直接谴责苏联，这似乎留下了一丝遗憾。不能得罪苏联，也不能违背自己的原则。怎么办呢?

两天后的8月28日，一篇题为《可怜的大使》的文章发表在了《民族主义者报》[28]专栏上。这篇匿名文章迅速引起了所有驻坦桑尼亚大使们的注意，也包括坦桑尼亚各级官员。这篇文章以漂亮的英文和优雅的文风表达了嘲讽。大家都猜作者是尼雷尔总统。过了几天，在一次会谈中，有人向格鲁霍夫先生透露，这篇文章确实是尼雷尔总统写的。

可怜的大使正在执行其政府的指示。他必须以官方的方

> 式告知他被派驻的国家领导：太阳现在不是从东边，而是从西边升起。大使列举了该国军队入侵他国的理由，称这是对社会主义和民主的保护。作为一个聪明人，大使本人可能不相信这些理由，甚至有可能为自己的国家感到羞耻。很明显，作为一名大使和苏联爱国者，他别无选择。他必须为自己的政府行为辩护。我们只需要同情这位亲爱的大使，但我们不能同意他的解释和理由，因为太阳仍然从东边升起，西边落下，而永不相反。[29]

这篇文章在嘲讽可怜的大使的同时，充分阐述了尼雷尔在国际事务上的坚定立场。文章中，尼雷尔也表明了自己无论是在越南、捷克斯洛伐克还是在南罗得西亚（换句话说，无论是对美国、苏联还是英国的侵略行为）上的坚定立场。在文章结尾，作者又回到了他的讽刺语气，再次嘲笑了这位可怜的大使，凸显了自己对此次侵略行为的谴责。值得注意的是，整篇文章中，他并没有直接提到“苏联”二字，而把一位苏联高级外交官作为对象，进行了讽刺和谴责，达到了自己间接谴苏的目的。

这就是尼雷尔的风格，既不当面得罪自己的盟友，又不违背自己的信念。他一边千方百计争取苏联的援助，一边通过报纸专栏发文匿名谴责苏联的军事行为。虽然苏方对此视而不见，但尼雷尔至少表明了自己的立场和原则，而不是默认。实际上，尼雷尔圆融又聪明的风格，在此次事件中发挥了一定的作用。有人说，政治外交是利益之交。为了国家和百姓的利益，尼雷尔凭自己的外交能力和文学才能，既没有当面得罪苏联，又没有违背自己的原则。总之，作为一国之首，面对错综复杂的政治事件，尼雷尔从不为了取悦大国而背弃自己的政治原则和立场。这是一位领导人的外交能力的直接表现，更是其执政理念的间接体现。

## 四、首次访苏，大度诚恳

尼雷尔经常开玩笑说："我身边总会带两本书，一本是《圣经》，另一本是《阿鲁沙宣言》。"[30]后者是一本在法律层面强调并确立乌贾马社会主义意识形态的宣言书。对他而言，建设具有非洲特色的社会主义社会是多么重要、多么紧迫，由此可见一斑。那时候的他坚信只有更适合自己国家和人民的乌贾马社会主义，才是他们唯一的出路。考虑到非洲部落众多，他始终强调"社会主义不是种族主义"[31]，是以人为本的幸福之道。为了迅速实现这一愿望和理想，他一直试图取得苏联等社会主义大国的援助和指导。除了获得来自他们的军事、资金、基础建设等支持外，尼雷尔一直很想访问苏联，亲眼看看当时数一数二的世界级大国的社会情况和百姓生活。自1962年与苏联代表团之间的非正式"餐桌会谈"以来，尼雷尔屡次表达想访问苏联的愿望。1967年发表《阿鲁沙宣言》之后，他的这一愿望变得越来越强烈。苏联也对此表示热烈欢迎。1969年10月，尼雷尔的这一梦想终于得到了实现。

苏方紧急安排了尼雷尔对苏联的首次访问。1962年1月至1966年5月，维亚切斯拉夫·乌斯蒂诺夫在坦桑尼亚担任苏联大使馆总顾问。作为最早来非洲开展外交工作的苏联代表，他是待在坦桑尼亚时间最长的苏联外交官之一，也是跟尼雷尔亲自打交道最多、最频繁的苏联官员之一。对苏联而言，让乌斯蒂诺夫负责迎接尼雷尔总统的国事访问，再合适不过了。因此，离开坦桑尼亚已有三年的乌斯蒂诺夫，于1969年9月在莫斯科再次被任命为苏联驻坦桑尼亚大使。刚任大使的他，随即收到了莫斯科关于尼雷尔总统访问苏联的紧急指示。乌斯蒂诺夫大使一边筹备尼雷尔的国事访问，一边准备赴坦桑尼亚。到达坦桑尼亚第二天，乌斯蒂诺夫大使就亲自与尼雷尔总统探讨了这次访问的具体细节。几天后，根据苏联的要求，乌斯蒂诺夫大使回到莫斯科与苏方其他官员一起接待尼雷尔总统。

1969年10月8日，尼雷尔首次抵达莫斯科。与众多国事访问一样，这次的访问安排了高级官员讨论协商、双方代表会晤、扩大合作项目谈判等环节。坦苏双方在全面联合公报的协商上花了不少时间，其中概括了苏联与坦桑尼亚达成共识的几个议题。为了达成一致，苏方代表花了大量时间去说服坦方在一些国际问题上支持苏联。据乌斯蒂诺夫大使回忆，尼雷尔的整个访问活动基本都是围绕双方的政治利益和目的进行。其间，考虑到安全形势，苏方只安排了一场公开接待会，尼雷尔也只做了一次公开发言。其余大部分会议、交谈和活动都是私下进行的。去列宁格勒市游览时，尼雷尔有机会看到他盼望已久的社会主义大国及其百姓的生活。此外，尼雷尔在莫斯科参加了向列宁墓敬献花圈的活动，在列宁格勒市也参观了列宁故居。经验丰富的乌斯蒂诺夫大使，将一切访问活动安排得非常合理。这让一直期待这次访问的尼雷尔感到很是欣慰。

尽管整个访问进行得非常顺利，但也留下了一些遗憾。当时外界和媒体非常重视此次访问，都认为尼雷尔会与苏联最高领导人勃列日涅夫（Leonid Brezhnev）会面。一个原因是坦桑尼亚作为社会主义国家，在苏联看来，是个“很有政治前途”的国家，最高领导人接见他，表示支持和重视，是应该的。而且，自1966年“十一项合作”项目启动以来，坦苏关系一直很好。因此，外界都默认苏联最高领导人会见他是正常的。尼雷尔作为一国总统，计划会见苏方最高领导人，是肯定的。然而，整个访问期间，尼雷尔并没有看到勃列日涅夫的身影。官方也没有给出任何理由或者解释，但有传言说，当时的米哈伊尔·苏斯洛夫（Mikhail Suslov）

等一些苏联政治局成员以尼雷尔发文谴责苏联干涉捷克斯洛伐克为由，强烈反对勃列日涅夫与他会面。原来，尼雷尔的匿名文章发挥了作用。对此，他没有任何解释或抱怨。对于此事，尼雷尔以能容天下的胸怀，表现出了大度之态。

相比之下，赞比亚时任总统卡翁达（Kenneth David Kaunda）要强硬多了。卡翁达于1974年访苏时，类似事件差点再次发生。卡翁达到访的第二天，勃列日涅夫计划离开莫斯科赴美国进行国事访问。卡翁达得知此事，坚决表示："如果勃列日涅夫不接见我，我宁愿直接回国也不下飞机。"[32]乌斯蒂诺夫大使发现情况不妙，立刻直接与勃列日涅夫联系，表达了卡翁达总统坚决的态度。勃列日涅夫看到卡翁达的强硬态度，才愿意跟他会见。同样作为非洲国家总统，尼雷尔与卡翁达经历的不一样"待遇"充分说明，在与苏联这样的大国交往时，不同领袖的风格大相径庭，其效果明显不同。

值得一提的是，尼雷尔访苏期间仅有一次公开发言。出于安全考虑，苏方只安排了一场发言，即1969年10月8日在克里姆林宫苏联最高苏维埃主席团主席尼古拉·波德戈尔内（Nikolai Podgorny）在为尼雷尔所举行的盛大宴会上发表的演讲。作为官方发言，尼雷尔的本次演讲共有四个部分。首先，尼雷尔介绍了坦桑尼亚的由来和概况。其次，他阐述了新成立的坦桑尼亚联合共和国所面临的国际和国内问题：在国际上面临着资本主义和社会主义两大意识形态的斗争问题；在国内，如何快速提高每一位公民的生活水平成为首要任务。最后，尼雷尔还表明了自己的外交政策。以军事和经济为例，尼雷尔进一步解释了自己不结盟政策的真正含义。对他而言，不结盟、保持中立，并不意味着做出对各种政治冲突不感兴趣或者默认的态度，而是对促进和平与公正更感兴趣。最后，尼雷尔阐述了自己为何如此看重社会主义，重申了坦桑尼亚人民要走自己的非洲式社会主义道路的观点。

> 坦桑尼亚是一个小国家——面积仅仅是苏联成员国之一的哈萨克斯坦的三分之一……我们的政策是与所有国家和平相处，在大国冲突中，我们奉行不结盟政策，不参与与非洲无关的意识形态的冲突。我们保持中立，并不是做出对此不感兴趣的姿态。相反，我们希望和其他国家的人民一起加入战胜人类不公和苦难的斗争中去。我们明白，首先要认识到，我们是一个新成立的小国，能力有限。我们决定捍卫我们的独立，与世界上所有国家和睦相处，不受其他国家摆布，不让其他人来规定谁是我们的敌人。……尽管走自己的社会主义道路是必须的，但我们对其他社会主义国家的经验也怀有浓厚的兴趣。我们认识到，从它们在这条道路上取得的成绩中，我们可以学习到大量宝贵的经验。我们要学习社会主义建设经验。[33]

尼雷尔诚恳的言辞给人们留下了深刻印象。他承认坦桑尼亚是个小国家，面积只有苏联成员国之一的哈萨克斯坦的三分之一。他还提到坦桑尼亚是个新成立的小国家，各方面能力有限。而且他作为总统公开表明自己需要向其他国家学习、借鉴经验。这都离不开尼雷尔的虚心和诚心。他是一位认清自己的劣势，愿意虚心向他国学习的人。显然，虚心学习经验是尼雷尔此次访苏的目标之一。

## 五、以苏为鉴，自省认错

为打破总统职务终身制，加之灰心于经济混乱的局面，1984

年3月，尼雷尔宣布不再担任下届总统，1985年10月，他辞去了总统职务，专任执政党坦桑尼亚革命党主席，把精力放在党建工作上。此外，尼雷尔还担任了南方委员会主席一职，继续为非洲的统一和发展，贡献自己的一份力量。为此，他于1987年获得了“国际列宁和平奖”。

20世纪80年代末的东欧剧变，90年代初苏联的解体，再加上一些非洲国家建立多党制所造成的新的国际环境，三者共同促进尼雷尔等坦桑尼亚领导人考虑进行政治改革的必要性。在很大程度上，西方施加的压力也加快了这一改革的进程。此外，这时的坦桑尼亚领导层存在严重的腐败问题。这进一步威胁其领导功能的正常运转和社会的稳定局面。此时，坦桑尼亚迎来了完善政治体制的契机。1990年6月，坦桑尼亚内部经历了关于向多党制过渡的可行性问题的激烈讨论。

以苏为鉴，吸取教训后，坦桑尼亚的政治体制逐步迈出了多元化的步伐。第一，成立了多党制特别委员会。1990年8月，阿里·哈桑·姆维尼（Ali Hassan Mwinyi）当选为坦桑尼亚革命党主席。尼雷尔不再担任党主席职务，开始致力于多党制工作的推进。1991年，尼雷尔和姆维尼携手成立多党制特别委员会，提出了采取多党制的提议。第二，明确了原则。尼雷尔一直强调“人人生而平等，非洲是我们的大家庭”[34]，不论其宗教背景或者民族身份，坚持一律平等。因此，这个委员会特别强调了禁止在宗教、民族或种族基础上建立政党的必要性。第三，废除旧法，允许新党派注册。1992年2月，坦桑尼亚执政党——革命党宣布废除一党制，接受新政党的登记。[35]同年6月之前已有二十几个党派注册。第四，制定了明确的党派数量。为了避免其政治体系崩溃和促进一个全新的、高效的民主机制，尼雷尔选择了只批准两个或三个政党为合法政党。尼雷尔期待不同政党通过合理竞争来完善坦桑尼亚新的政治体制。其间，为了保护新成立的党派的利益，他不时地提醒现任领导人一定要避免不公平的偏见。第五，产生了多党制下的首任总统。1995年10月29日，坦桑尼亚举行了有史以来首次多党制体制下的总统大选。坦桑尼亚革命党以绝对的优势赢得大选，本杰明・穆卡帕（Benjamin Mkapa）成为多党制坦桑尼亚联合共和国的首任总统。[36]坦桑尼亚在尼雷尔的推动下，花了五年的时间，顺利完成了从一党制向多党制的转化过程。

除了政治体制，尼雷尔晚年还对乌贾马社会主义进行了不断思考。苏联解体后，尼雷尔开始审视自己，反思自己为坦桑尼亚所选的道路的合理性。1991年的一次采访中，当被问及是否承认自己没能实现自己的社会主义伟大目标时，尼雷尔肯定道："是的，确实存在一些错误。"[37]在1996年的一次采访中，他承认"乌贾马是一个严重的错误（a grave mistake）"[38]。尼雷尔对社会主义的认识与苏联对社会主义的认识存在差异。苏联不认为尼雷尔是名副其实的社会主义者，将坦桑尼亚的行为归为"非资本主义或民族民主主义（national democratic）"[39]。有趣的是，在一次采访中，尼雷尔甚至直接否定苏联的社会主义。他说："我从不认为苏联是真正的社会主义国家，他们也不认为我是社会主义者。"[40]就他而言，社会主义"更多的是一种能团结民族、凝聚民心的意识形态，而不是解放劳动力的方式"[41]，他倡导的是一种绝对公平和自由的乌贾马式的理想社会。恰是对自己理论的偏执，让尼雷尔不免自鸣得意，最终反而以失败告终。如果在走社会主义道路的同时，尼雷尔接纳了马列主义理论，并使其适应坦桑尼亚国情，然后再探索具有本国特色的道路，会不会避免他所说的"严重的错误"？

简而言之，尼雷尔是一位能自省认错的领导人。苏联解体后，他推动完善坦桑尼亚的政治体制；晚年，他公开将自己的乌贾马理论称为"严重的错误"。这两者都离不开尼雷尔自我反思和自我批评的能力。

## 六、结语

赛达·亚合亚–奥斯曼（Saida Yahya-Othman）在其最新传记《尼雷尔传》的《前言》中，把尼雷尔与苏联的缔造者列宁之间做了多次比较。他们确实看似相同，不过命运却不相同。幸运的是，列宁没看到苏联从社会主义道路上脱轨就离开了人间。不幸的是，尼雷尔不得不目睹坦桑尼亚的政治变局。唯一的相同点，应该是道路和理想吧。他们都看好社会主义道路，希望自己能够努力促成实现人人平等和幸福的社会。正是这个道路和理想让尼雷尔对苏联产生了极大的兴趣，并走得如此之近。

史料显示，尼雷尔与苏联之间发生过不少值得回忆的事情。其中，以上几件最能体现他的处世风格。青年时期的他抓住一切机会，成功从牛仔变成了教育家，再成为一国元首，实现了身份转换。这充分说明他是一位福星高照的幼童，更是一位奋发图强的智者。后来，向苏联寻求援助的经历，更能表明他是一位不懈奋斗的忧国忧民者。他对苏联的笔诛墨伐，直接印证了他圆融明智的政治家智慧。访苏一事告诉我们，尼雷尔是一位大度诚恳的谦虚之人。最后，以苏为鉴，抓住契机，致力于纠正过错，证明尼雷尔是一位能自我反省和承认错误的罕见伟人，是一位希望“坦桑尼亚人民从他的错误中学习的同时，也要从他的目标和成就中学习”[42]的爱国者。总而言之，从他与苏联之间的这些交往中来看，可以肯定的是，尼雷尔不是圣人，更不是暴君，而是一位将自己的一切贡献给民族解放、国家独立和建国大业的非洲人。

**引用文献：**

1. Y. N. Vinokurov, S. M. Shlyonskaya et al (eds.), *Julius Nyerere: Humanist, Politician, Thinker*, trans. B. G. Petruk (Dar es Salaam: Mkuki na Nyota Publishers, 2010), p. 31.

2. John Hatch, *Two African Statesmen: Kaunda of Zambia and Nyerere of Tanzania* (Chicago: Henry Regnery Company, 1976), p. 15.

3. Ibid., p. 18.

4. Chambi Chachage, Annar Cassam, *Africa's Liberation: The Legacy of Nyerere* (Kampala: Pambazuka Press, 2021), p. 19.

5. Y. N. Vinokurov, S. M. Shlyonskaya et al (eds.), *Julius Nyerere: Humanist, Politician, Thinker*, trans. B. G. Petruk (Dar es Salaam: Mkuki na Nyota Publishers, 2010), pp. 1-3.

6. 朱利叶斯·尼雷尔：《尼雷尔文选》（第一卷：自由与统一，1952—1965），韩玉平译，沐涛译校，华东师范大学出版社，2015，第215页。

7. Chambi Chachage, Annar Cassam, *Africa's Liberation: The Legacy of Nyerere* (Kampala: Pambazuka Press, 2021), p. 13.

8. 朱利叶斯·尼雷尔：《尼雷尔文选》（第一卷：自由与统一，1952—1965），韩玉平译，沐涛译校，华东师范大学出版社，2015，第8页。

9. 同上书，第6页。

10. 同上书，第13页。

11. Chambi Chachage, Annar Cassam, *Africa's Liberation: The Legacy of Nyerere* (Kampala: Pambazuka Press, 2021), p. 37.

12. Marie-Aude Fouéré (ed.), *Remembering Nyerere in Tanzania：History, Memory, Legacy* (Dar es Salaam: Mkuki na Nyota Publishers, 2015), p. 36.

13. Y. N. Vinokurov, S. M. Shlyonskaya et al (eds.), *Julius Nyerere: Humanist, Politician, Thinker*, trans. B. G. Petruk (Dar es Salaam: Mkuki na

Nyota Publishers, 2010), p. 8.

14. Julius K. Nyerere, *Ujamaa: Essays on Socialism* (Dar es Salaam: Oxford University Press, 1968), p. 78.

15. 朱利叶斯·尼雷尔:《尼雷尔文选》(第三卷:自由与发展,1968—1973),王丽娟、聂莹、王磊等译,舒运国等校,华东师范大学出版社,2014,第67页。

16. Paul Bjerk, *Building a Peaceful Nation: Julius Nyerere and the Establishment of Sovereignty in Tanzania, 1960-1964* (Rochester: University of Rochester Press, 2015), p. 198.

17. Ibid., pp. 198-199.

18. Cranford Pratt, *The Critical Phase in Tanzania 1945-1968: Nyerere and the Emergence of Socialist Strategy* (Cambridge: Cambridge University Press, 1976), p. 159.

19. Ibid., pp. 159-160.

20. Ibid., p. 159.

21. Ibid., p. 162.

22. Y. N. Vinokurov, S. M. Shlyonskaya et al (eds.), *Julius Nyerere: Humanist, Politician, Thinker*, trans. B. G. Petruk (Dar es Salaam: Mkuki na Nyota Publishers, 2010), p. 43.

23. Paul Bjerk, *Building a Peaceful Nation: Julius Nyerere and the Establishment of Sovereignty in Tanzania, 1960-1964* (Rochester: University of Rochester Press, 2015), p. 216.

24. Ibid., p. 232.

25. Cranford Pratt, *The Critical Phase in Tanzania 1945-1968: Nyerere and the Emergence of Socialist Strategy* (Cambridge: Cambridge University Press, 1976), p. 159.

26. Ibid., p. 160.

27. Ibid., pp. 160-161.

28. Anonymous, "Pity the Ambassador," *The Nationalist*, August 26, 1968.

29. Y. N. Vinokurov, S. M. Shlyonskaya et al (eds.), *Julius Nyerere: Humanist, Politician, Thinker*, trans. B. G. Petruk (Dar es Salaam: Mkuki na Nyota Publishers, 2010), p. 47.

30. Ibid., p. 8.

31. Julius K. Nyerere, *Ujamaa: Essays on Socialism* (Dar es Salaam: Oxford University Press, 1968), p. 38.

32. Y. N. Vinokurov, S. M. Shlyonskaya et al (eds.), *Julius Nyerere: Humanist, Politician, Thinker*, trans. B. G. Petruk (Dar es Salaam: Mkuki na Nyota Publishers, 2010), p. 34.

33. 朱利叶斯·尼雷尔:《尼雷尔文选》(第三卷:自由与发展,1968—1973),王丽娟、聂莹、王磊译,舒运国校,华东师范大学出版社,2014,第100–102页。

34. 同上书,第276页。

35. Y. N. Vinokurov, S. M. Shlyonskaya et al (eds.), *Julius Nyerere: Humanist, Politician, Thinker*, trans. B. G. Petruk (Dar es Salaam: Mkuki na Nyota Publishers, 2010), p. 68.

36. Ibid., p. 67.

37. Chambi Chachage, Annar Cassam, *Africa's Liberation: The Legacy of Nyerere* (Kampala: Pambazuka Press, 2021), p. 74.

38. Marie Aude Fouéré (ed.), *Remembering Nyerere in Tanzania: History, Memory, Legacy* (Dar es Salaam: Mkuki na Nyota Publishers, 2015), p. 165.

39. Issa G. Shivji, Saida Yahya-Othman, Ng'wanza Kamata, *Development as Rebellion: A Biography of Julius Nyerere, Book Three: Rebellion Without Rebels* (Dar es Salaam: Mkuki na Nyota Publishers, 2020), p. 85.

40. Chambi Chachage, Annar Cassam, *Africa's Liberation: The Legacy of Nyerere* (Kampala: Pambazuka Press, 2021), p. 73.

41. Ng'wanza Kamata, Issa G. Shivji and Saida Yahya-Othman, *Development as Rebellion: A Biography of Julius Nyerere, Book Two: Becoming Nationalist* (Dar es Salaam: Mkuki na Nyota Publishers, 2020), p. xvii.

42. Paul Bjerk, *Building a Peaceful Nation: Julius Nyerere and the Establishment of Sovereignty in Tanzania, 1960-1964* (Rochester, NY: University of Rochester Press, 2015).

# 第八章　尼雷尔与美国

李俊豪*

朱利叶斯·坎巴拉吉·尼雷尔与美国的关系，不似与英国那般爱恨交织、难舍难分，也不同于与中国那样道同为谋、患难与共，而是“物内之交”、阴晴不定。在尼雷尔的带领下，自20世纪中期起，坦噶尼喀在美苏争霸的两极格局之中展开了轰轰烈烈的独立运动，艰难地走上了民族复兴之路。尼雷尔欲借美国之力争取独立、加强建设，而美国意图通过尼雷尔控制坦噶尼喀从而完成其非洲计划。在二者各有所图、双方的利益与冲突相互交织的情况下，尼雷尔与美国的关系也呈现出明显的阶段性特征。

## 一、美国之行，由教转政

起初，对尼雷尔而言，美国似乎只是一个先进国家的代名词，与苏联等发达国家并无二致。坦噶尼喀的人民所用的工具“同穆罕默德一样古老”，他们居住的房屋“还是摩西时代的样子”[1]。面对贫穷、物质匮乏和疾病这些现实的“敌人”，若想发展，“除了将生

* 李俊豪，北京大学外国语学院世界文学研究所博士研究生，研究方向为世界文学、传记文学和数字人文。

活方式和耕作方式提升到现代化方式上来，（他们）别无选择”。[2]这些长久以来与坦噶尼喀共存的状况在20世纪成了亟待解决的问题。美苏引发的“月球憧憬”让尼雷尔清醒地认识到，坦噶尼喀与美国之间的悬殊国力差距意味着什么。他了解，“今天，美国的生活水平对坦噶尼喀是有密切影响的。有时我想我能够把坦噶尼喀放到另一个星球上去。这样，我们能够给他一百年的时间来赶上去。但是我们不能那样做，我们不能把自己孤立起来……”[3]处此时代，无人能独善其身。想要获得真正的独立，坦噶尼喀不仅要从英国殖民者手中夺回主权，更要作为独立主权国家立于世界民族之林，找到自己在世界中的位置。所以，在当时大国博弈的冷战时期，处理与美国的关系是尼雷尔面临的重要课题之一。作为“背景”存在的美国，间接影响了尼雷尔的人生选择。

虽然尼雷尔早就对美国有所了解，也与美国来的大使们有过来往，但直到1955年，他才有机会亲身前往美国。

1954年8月，联合国的坦噶尼喀访问团在考察完毕后发表报告，建议将坦噶尼喀独立的时间表定在20年至25年。这一“计划”极大地激怒了托管地当局。再加上20世纪50年代以来的梅鲁山土地问题（The Meru Land Case）的累积和激化，坦噶尼喀内部对于国家独立和土地完整的要求愈发强烈。1955 年伊始，达累斯萨拉姆举行的一次坦盟会议决定派他们的领袖尼雷尔去纽约，让他代表非洲在联合国托管理事会上发言。[4]当时，尼雷尔正在圣玛丽中学任教，教授生物和历史两门课程。在克服了经费、地方政府阻拦、英国政府的限制、自身工作原因等一系列困难之后，尼雷尔在1955年3月7日抵达纽约，成为坦噶尼喀被托管后第一位直接在联合国表达民众的希望和担忧的非洲人。[5]他毫不含糊地要求、强调非洲人的权利和地位，坚持非洲人执政，希望尽早实现坦噶尼喀的自治及独立。由此，尼雷尔正式开始了以演讲为民族争取独立和援助的政治生涯。

值得一提的是，尼雷尔这次访美的时间极为短暂。“在英国政府的要求下，美国政府规定尼雷尔住在距离联合国大楼八个街区以外的地方，且必须在演讲后24小时内离开美国。”[6]虽然无法直接操纵联合国阻挠尼雷尔寻求国际援助，但英国凭借共同利益和亲缘关系得到了美国的支持。在美国政府的阻挠下，尼雷尔进入美国的手续变得十分复杂，在美国的行为也受到极大的限制。即便如此，这个短暂的美国之旅还是在尼雷尔等人的努力下得以成行，并改变了他的人生轨迹。

1945年到1955年，尼雷尔一直处于左右为难的境地。[7]是投身于他所热爱的教育事业去改造坦噶尼喀的文教现状，还是进入政坛直接为国为民争取权益？正是那场充满艰辛的纽约之行让尼雷尔下定了决心。一方面，在联合国的发言不仅让他明确认识到自己拥有政治才能和演讲天分，更让他发现了自己对国家的特殊意义。另一方面，因此类政事导致的缺课失职让他深感不安。若联合国所在地不在纽约而是在欧洲或离坦噶尼喀更近的位置，尼雷尔还可以当天往返；或者进入美国的问题不那么复杂让他可以为出行少花些精力，这种矛盾就不会显得那么突出。1946年联合国建立伊始，以英法为首的欧洲国家强烈要求将联合国总部建在欧洲。然而，因欧洲各国刚刚经历过战火洗礼，满目疮痍，没有过多精力承建，且欧洲又代表着“旧势力”，这个想法并未得到多数国家的支持。在此情况下，未被战争破坏、国力强大、代表“新世界”的美国就成了众心所向。再加上美国在创建联合国时发挥了主导作用，定址美国就变得更加顺理成章。但具体要将联合国总部建在哪座城市呢？欧洲国家强烈要求定在离他们更近的美国东海岸，自知占了便宜的美国也就同意。在一干东海岸城市的或竞争或推脱中，洛克菲勒财团（The Rockefeller Foundation）提出愿出钱买下曼哈顿区第一大道和四十二街口的那块地，并无偿送给联合国作为总部的建设地，联合国就这样建在了纽约。可见，联合国总部建于美国是当时的必然选择，而落户纽约是带着偶然性的必然，也是美国政府和美国人在背后推动的结果。所以，要寻求国际援助的尼雷尔来到美国，也是必然事件。此行所遇之难让尼雷尔明白，美国是坦噶尼喀实现民族独立和发展的关键影响要素之一。此外，尼雷尔作为教会学校的教师，拿着政府发放的薪水，却代表社会中的政治组织坦盟出席联合国会议之事也使其备受争议。为了“(不使)传教士们为难”[8]，为了“不让他的教会和他的学校处于窘迫之境”[9]，他辞去了自己的教职，放弃了自己用思想和教育改变国民现状的理想，做出了对自己、对坦噶尼喀，甚至可以说是对整个非洲都极为重要的决定——全身心地投入政治事业。

可见，纽约之行是促使尼雷尔做出“由教转政”这一重大人生抉择的关键。这是尼雷尔作为一名政治家极为成功的“出道”首秀。阿诺德·特穆(A. J. Temu)敏锐地指出，正是尼雷尔在联合国的三次发言①“使他赢得了极大的尊敬和国际上的承认”[10]。从此，尼雷尔作为坦桑尼亚的代表登上了国际舞台。

## 二、发表演说，寻美援助

虽然从1961年5月起坦噶尼喀就开始自治，但直到同年12月9日爱丁堡公爵将独立文书交给尼雷尔之时，坦噶尼喀才正式独立。独立翌日，尼雷尔便来到了纽约，在联合国发表独立演

① 三次发言为1955年3月尼雷尔在托管理事会上的发言，1956年12月20日在联合国大会第四委员会第579次会议和次日的第580次会议上发表的声明。

讲——这是坦噶尼喀真正以独立国家的身份登上世界舞台的开始。在演讲中，尼雷尔除了向世界宣告坦噶尼喀的独立外，还幽默地“祝贺”英国向着真正的独立和自由迈进了一步。因为他认为:“若是一个国家剥夺了其他国家的自由，那么这个国家也不会得到真正的自由。”[11]年轻的尼雷尔自信地站在台上，不时看看稿子，在演讲中从容地接受着一波又一波的掌声。成为联合国的会员国不仅让他们“确认了自己与其他各国人民之间的相互依赖关系”，也意味着“联合国赋予（他们）加入世界各民族中去追求加深理解和更大和谐的权力”。[12]然而，独立的背后却暗潮汹涌。在种族问题、人民与政府之间的矛盾、之前的殖民阴霾、暴力问题和一系列的驱逐白人事件的激化下，尼雷尔于1962年1月22日辞去了总理一职。为了证明政党之重要，构建人民与政府之间的桥梁，从民间支持巩固政府建设，并帮助人民理解、适应独立国家的制度，尼雷尔做出了如此决定。此后的一段时间里，尼雷尔作为坦盟主席全身心投入该组织的建设之中，并以议会议员的身份继续支持政府工作。在他辞职5个月之后，议会开始计划成立共和国。1962年12月9日，坦噶尼喀共和国正式成立。坦盟代表尼雷尔在11月一人一票制的总统选举中，以97%的选票毫无悬念地击败了非洲人国民大会的候选人，成为坦噶尼喀共和国的第一任总统。这标志着坦噶尼喀真正实现了独立。

在坦噶尼喀从殖民地到独立的过程中，尼雷尔的身份经历了过山车般的转变：从英政府资助的学生，到公职教师，到社会组织成员，到自治政府的总理，到坦噶尼喀总理，到民间组织坦盟主席，再到坦噶尼喀共和国总统，尼雷尔以其建国首位总统的身份，赢得了坦噶尼喀最广大人民群众的认同。在整个过程中，美国一直密切关注着尼雷尔的决策和坦噶尼喀的动态。美国大使甚至在坦噶尼喀独立的庆祝活动之后立即来到尼雷尔家中，亲自送上来自肯尼迪总统的贺词。

> 他（尼雷尔）踌躇满志地告诉美国大使：“我完成了自己在去年1月辞职时定下的目标。”美国大使馆的一位官员认为，尼雷尔的对手误以为“坦盟最大的弱点在于他们将非种族主义（nonracialism）奉为圭臬，且拒绝对那些曾经歧视非洲人的种族进行任何意义上的报复”。在一系列庆祝独立的活动结束后，美国大使来到了尼雷尔的家中，带来了美国总统约翰·肯尼迪的祝词。对此，尼雷尔显得有些激动，他用斯瓦希里语大声向聚于家中的亲友朗读那些句子，又沉思片刻，双手握住这位新任大使的手说：“今天早上，跟特恩布尔（Turnbull）说了最后一次再见后我才好起来。这就是我想要的，但我几乎崩溃了。这是我第一次感到孤独。”[13]

可见，当时美国在不近不远的地方观望着坦噶尼喀的独立运动，关注着尼雷尔的决策和思想变化，与尼雷尔保持着较为亲密和谐的关系。在1955年初次赴美之后，尼雷尔意识到有三件亟待推行的事项。一是要动员民众对政府施压，使其进行政治改革；二是利用坦噶尼喀作为托管地的性质，从联合国争取到更多帮助；三是争取到伦敦有影响力的人物的支持，让他们帮助坦噶尼喀抵抗英国当局的施压。为完成这三件事，尼雷尔在1956年接受了马利诺神父教会（Maryknoll Fathers）的邀请，决定再次赴美。9月，在驻足伦敦几日之后，他乘船来到纽约，见到了马利诺神父教会的诸位神父——这其中有些人还曾在坦噶尼喀供职。尼雷尔认为，“正如弱者在短期内应从社会组织中获取得更多一样”，弱小国家短期内也需要从国际社会中获得更多帮助。[14]于是，国际化程度最高，综合国力最强，又是联合国所在地的美国，就成了尼雷尔寻求国际援助的首选。借此机会，他在华盛顿、芝加哥、波士顿和纽约分别发表了公开演讲，还上了一个电视节目。这让他在联合国大会第四委员会讨论坦噶尼喀问题之前就出现在了美国公众面前，并由此产生了更大的影响。

这次赴美不仅让他在更大范围内向美国民众呼吁平等、民主、自由并争取到了更多来自国际社会的支持，还让他挣到了还债的钱，让他可以无后顾之忧地投身救国运动——他在1955年赴美后辞职，正经历着严峻的个人经济危机。不仅如此，在这次旅途中，尼雷尔还认识了实力雄厚的女装工人工会（Ladies' Garment Workers' Union）的主要创始人梅达·施普林格[①]，在纽约受到了她极大的礼遇。正是通过施普林格，尼雷尔初次接触到美国的黑人问题。这让尼雷尔注意到，美国黑人比非洲黑人兴旺得多；当然，作为一个富裕的白人国家中的少数群体，美国黑人所面临的问题也比他们所追求的独立复杂得多。在施普林格的帮助下，次年，施普林格与一个工会代表团前往坦噶尼喀，帮助当地新生的工会组织运动。[15]可见，尼雷尔从美国寻求国际援助的策略颇有成效。

尼雷尔用演讲之法寻求援助建设坦噶尼喀，是其坚持“非暴力”信条的绝佳体现，代表他希望以和平方式来达到自由平等的最终目标。他在联合国大会第四委员会上的声明中谈及民族主义运动的本质时提道：“民族主义运动的作用不是创造反抗精神，而是用语言把这种精神表达出来，用一种新的方式把他表达出来。”[16]语言是实践之器，表达为其斗争之法。他在美国欲通过演说激

---

① 梅达·施普林格是一位泛非主义者。她用自己的人生书写了为工人、妇女和非裔美国人争取社会、政治和经济平等的历史。此外，她还在国际事务中起到了重要的作用——这突出体现在冷战和非洲独立运动期间她在美国劳工总会与产业劳工组织（AFL-CIO）制定对非政策时所扮演的重要角色之中。参见：Yevette Richards, *Maida Springer: Pan Africanist And International Labor Leader* (Pittsburgh: University of Pittsburgh Press, 2004), cover page。

发公众推动政府援坦制英——这目的与胡适1938年9月到1942年9月任驻美大使期间为促使美国助华抗日而做大量演讲十分相似。威廉·史密斯评价说:“尼雷尔无疑是坦噶尼喀的最好的演说家。”[17]在世界的注视下，他从容叙说着国民的理想，情至深处，慷慨激昂，似欲借言辞扯断缠绕在国民身上的枷锁。虽然他提倡的“非暴力”带着理想主义的天真，但他确实通过语言和演讲为自己赢得了国际声誉和认可，为坦噶尼喀争取到了一定的国际地位和可观的国际援助。此外，在美国的经历让他有机会认识到美国社会中有实力、有抱负、支持自由平等、胸怀大爱的各界人士，这使他在推动坦噶尼喀政治、经济、教育改革的过程中获得了极大的帮助。更为重要的是，美国的黑人问题及其先进的政策制度也成为尼雷尔思考的参照系。这开拓了他的思路，为他解决坦噶尼喀及非洲问题奠定了良好的基础。

2019年，在尼雷尔去世20周年之际，美国驻坦桑尼亚大使馆送给坦桑尼亚国家博物馆一些尼雷尔访美时候的照片，“以表达美国对两国长期合作伙伴关系的承诺”。这其中包含三张照片：作为坦噶尼喀总理的尼雷尔于1961年9月17日在白宫与美国总统肯尼迪会晤的照片，作为坦噶尼喀共和国总统的尼雷尔于1963年7月16日在华盛顿与美国总统肯尼迪会面的照片，1998年5月美国总统吉米·卡特在亚特兰大欢迎坦桑尼亚前总统尼雷尔的照片。[18]这三张照片集中展示了尼雷尔一生中政治身份的转变，也从侧面映射出坦桑尼亚从坦噶尼喀独立，到坦噶尼喀共和国成立，再到坦噶尼喀和桑给巴尔组成联合共和国（后改名为坦桑尼亚联合共和国）成立的历史进程。

每当坦噶尼喀的地位发生变化，尼雷尔都会去往美国，发表演讲，向世界宣告坦噶尼喀的“成长”。在1961年9月访美的过程中，尼雷尔在会见总统肯尼迪之余，还积极地与具有影响力的组织和个人进行交流和见面，最大限度地为坦噶尼喀寻求援助。这些组织和个人给予了尼雷尔非常可观的回报。而尼雷尔本次的访美，显然是将目光从美国民间组织移到了政府之上，想从美国官方获得维护主权和建设国家等方面的帮助。然而，美国明确地知道，非洲所需的援助要花费大量金钱，若要完全满足尼雷尔的要求，他们自己便得承受巨大的财政赤字。这样的代价显然不是他们想承受的。所以，美国稍退一步。他们想让尼雷尔相信，虽然他们不能及时、完全地回应他的要求，但是为了非洲的利益，他们会努力帮助非洲南部地区的国家完成和平过渡期并取得独立。而作为社会主义的对立面，美国也暗暗警告尼雷尔，如果非洲选择武装反抗或是寻求共产主义阵营的军事援助，他们所尊敬和支持的非洲不结盟原则也就被破坏了——这种以不结盟为基础的外交政策正是尼雷尔在坦噶尼喀独立仪式后于1961年12月14日在纽约的联合国大会上所重点强调的。尼雷尔还未倒向共产主义阵营的中立态度是他与美国谈判的筹码。作为独立的主权国家，要想在世界中生存和发展，首先要找到自己在国际社会中的位置。虽然美国并没有完全满足尼雷尔的要求，但是他们还是客观地给予了尼雷尔高度的评价。他们认同尼雷尔在坦噶尼喀独立过程中起到的决定性作用，对他怀有极大的尊重，并将他比作“坦噶尼喀的杰斐逊”。对美国来说，这无疑是最高的赞美。美国对人、对事有如商人般的客观与尼雷尔所熟悉的以家庭为单位的“乌贾马”概念极为不同，但这对他来说，是有意义的学习与挑战。

尼雷尔在成为坦噶尼喀共和国总统后的首次访美可谓最受瞩目。这是他第一次代表在真正意义上独立的坦噶尼喀共和国访问美国。这次活动甚至成为《纽约时报》2013年7月15日在“回顾五十年前的今日”一栏中浓墨重彩的一笔。美国媒体和已经公开的官方文件详细记录了尼雷尔这次访美的过程。他于1963年7月

14日下午2点25分到达马萨诸塞州的洛根国际机场，马萨诸塞州的州长恩迪科特·匹博迪（Endicott Peabody）和波士顿市长约翰·F. 科林斯（John F. Collins）等其他官员迎接了他的到来。15日，他乘坐直升机来到了白宫，美国总统约翰·肯尼迪热情地欢迎了他的到来。在之后的几天里，尼雷尔与肯尼迪进行了深入的交流，并发表了联合公报。除总统之外，他还会见了美国国务卿、参议院对外关系委员会成员、主管非洲事务的助理国务卿等数位官员。20日，他从纽约国际机场离开美国，飞往伦敦。有份官方文件中指出：

> 尼雷尔此行是为了让美国支持非洲运动来抵抗葡萄牙殖民和南非的种族政策……至少，他希望得到美国的承诺，让美国帮助他们抵抗葡萄牙和南非的武装，或提供一些强制的措施来抵抗他们……如果美国连他预期的最低要求都没满足，坦噶尼喀和其他东非国家最终将会在重压之下寻求共产主义的帮助，其中可能会包含共产主义武装。[19]

可见，尼雷尔正在以美国为代表的资本主义阵营和以苏联为代表的社会主义阵营之间摇摆。他希望能受到来自国际社会的援助，希望美国能够帮助坦噶尼喀实现真正的自由和独立。尼雷尔在白宫说道："我总把美国和自由联系在一起。上周四，我们确定了以和平之法争取独立的发展道路。我几乎每年都到联合国，在国际组织和美国组织演讲，争取我的祖国的自由。每当我想到美国，我就会想到祖国人民的自由。"[20]他将美国作为移民国家的榜样，致力于将坦噶尼喀建设成那样的现代化国度。

在这一阶段，尼雷尔与美国保持着非常密切的联系。他一次次在美发表演讲，阐释自己"非暴力"的信条和"乌贾马"理想，用话语为坦噶尼喀在世界上争取一席之地。美国的强大国力和世界性舞台使其成为尼雷尔寻求国际援助的首选，他希望美国能够帮助坦噶尼喀争取民族独立，促其经济发展。当然，他取得了一定的成功。然而，尽管美国政府和民间组织给予了尼雷尔积极的反馈和帮助，但尼雷尔对自由和自主的要求显然违背了美国的意愿，使他们之间的利益冲突开始暴露出来。

## 三、道路分歧，矛盾激化

在今天，与坦噶尼喀隔海相望的桑给巴尔有个别名，叫作“一个用名字便可挑起争端的天堂”[21]。尼雷尔定会认同这个说法。桑给巴尔位处坦桑尼亚东海岸线环拥的印度洋之中，地理位置优越，生产丁香等香料，具有重要的经济、军事等战略意义。因此，长久以来就是各国侵略和殖民的对象。

桑吉巴尔的历史，是一部多种族融合的历史。自8世纪起，阿拉伯人就以贸易之由来到了非洲，长期的商业往来使得阿拉伯人与非洲人交往密切，以阿拉伯人为首的移民与非洲人的通婚使得种族融合，也让他们的习俗和外貌之别变得模糊。到了16世纪，葡萄牙人开始攻占东非。在1503年之后的约两个世纪中，桑给巴尔都被葡萄牙所控制。而到了1698年，阿曼的阿尔巴人（the Omani Arbas）在蒙巴萨岛俘虏了福特·杰西（Fort Jesus），桑给巴尔以及整个东非的沿海地区重新被阿拉伯人掌控。1832年，阿曼苏丹（Sultan of Oman）之后的布塞义迪王朝（Busaidi Dynasty）之王赛义德·本·苏丹（Seyyid Said bin Sultan）将首都从马斯喀特迁至桑给巴尔。从此，桑给巴尔成为西印度洋地区最重要的贸易中心；同时它也作为殖民中心，成为阿拉伯侵略西非的标志。1886年，欧洲“瓜分非洲”的英德协定通过后，两国夺走了苏丹大部分的殖民地，从而占据了非洲的东部地区。当时，英国占据了今天的乌干达和肯尼亚地区，而德国占据了之后被称作坦噶尼喀的地区。英国重视桑给巴尔是因为想要保护通往印度的航线。1866—1890年，桑给巴尔处在德国的影响之下。直到1897年，巴加什（Barghash ibn Saʻīd）于1873年暂停的奴隶贸易才真正在法律意义上被废除。那时，桑给巴尔已经成为英国保护国的一部分。[22]长达十几个世纪的外来入侵与政权交替使得桑给巴尔内部的人口种族结构和政治、经济、文化、宗教、伦理等状况都变得极为复杂。而英国接管桑给巴尔之后所实行的政策更加剧了原本就存在的贫困问题和阶级分化，“悲剧如闹剧般（在桑给巴尔）不断重演”[23]。

然而，唐·彼得森（Don Peterson）的研究表明，桑给巴尔在整个20世纪中极少有暴力事件发生。19世纪30年代，新英格兰和桑给巴尔有着十分频繁的贸易来往。于是，美国政府便于1837年在桑给巴尔镇（Zanzibar Town）设立了领事馆。主要来自塞林、马萨诸塞州的美国船只带着棉布、枪支和火药，为了象牙和柯柏胶频频来访。然而在20世纪初，这种贸易停止了。在1915年，该领事馆移到了肯尼亚的蒙巴萨岛。[24]在此后的46年里，美国人不再有合法留居在桑给巴尔的保障，所以那段时间里，在桑给巴尔几乎难寻美国人的踪迹。然而，在1960年前后，美国国家航空航天局的科学家认定桑给巴尔是一个美国空间项目的理想跟踪站选址。英美两国政府签订了准备在桑给巴尔建立跟踪站的协议。于是，美国于1961年重新启用了驻桑给巴尔的领事馆。

历史问题和当代利益的交织使得阿拉伯人、苏丹人、以英美为首的西方殖民者与桑给巴尔土著和非洲大陆人之间的矛盾不断累积、激化，随时可能爆发出来。这让桑给巴尔成了萦绕在尼雷尔心头的一块心病。桑给巴尔就像一颗不知会何时引爆的炸弹，潜伏在坦噶尼喀的身旁。1964年1月，在坦噶尼喀废除英国总督，正式成为坦噶尼喀共和国的第13个月，国内安定表象下的来自各方民众的不满和焦虑也已经积累到了爆发的临界点。然而，广受支持的尼雷尔并未感受到来自这些还未发生的反抗的威胁。如斯夫杰（Issa G. Shivji）等人在《作为叛逆的发展：朱利叶斯·尼雷尔传》中所述，他依旧自信满满地实践着自己的理想，坚持以和平方式实现国家独立和发展，还于1月7日宣布了坦噶尼喀共和国非洲化（Africanisation）的结束。[25]然而，肯尼迪一语成谶——“那些引导和平革命的人一定会带来暴力革命”[26]。在此后不到两周的时间里，桑给巴尔的内部矛盾和坦噶尼喀的内部矛盾接连爆发出来——12日，桑给巴尔发生起义；20日，坦噶尼喀发生兵变。

桑给巴尔事件爆发之后，美国十分担心社会主义国家的势力会趁机进入桑给巴尔，从而使他们的非洲计划受阻。所以，“美国鼓动英国去干预桑给巴尔事务，并完成了一个桑给巴尔行动计划（Zanzibar Action Plan）。以此，他们可以影响领导者，并操纵他们使英国进行军事调停”。[27]不仅如此，美国还联合英国派出舰队，意图武装干涉桑给巴尔的“一月革命”。恩格万扎·卡马塔（Ng’wanza Kamata）等人认为，应是来源于英美的压力使得尼雷尔最终下定决心插手桑给巴尔事务。这与裴善勤的判断十分一致。裴善勤在对坦桑尼亚国情研究的著作中写道：“尼雷尔担心桑给巴尔成为东西方争夺的场所，也担心外国势力对桑给巴尔的干预会给坦噶尼喀带来威胁。因此，坦噶尼喀在‘一月革命’之后就应卡鲁姆要求派出警察，予以帮助，并开始考虑两国联合问题。”[28]因为他认为坦噶尼喀和桑给巴尔的联合应该可以消除外国势力对它们的威胁。然而，最初向尼雷尔提议介入桑给巴尔事件的却是美国大使。显然，尼雷尔在拒绝了这个建议后还是重新采纳了它。在1986年的一场采访中，曾驻桑给巴尔的美国大使弗兰克·卡卢奇（Frank Carlucci）提到，他们虽然也无法判断当初的提议是否对尼雷尔产生了影响，但他确定的是，如果当时坦噶尼喀没有支援桑给巴尔，那么桑给巴尔的局势将会被共产主义者操控。[29]可以看出，一直以来，美国担心的就是坦噶尼喀和桑给巴尔会倒向社会主义阵营——这是在当时冷战的时代背景下资本主义阵营与社会主义阵营交锋的必然结果，也被明确地记录在了美国国家安全文件《坦噶尼喀：尼雷尔简述，1963年7月15—16日》之中。在直接建议尼雷尔对桑给巴尔采取行动失败后，美国鼓动英国和派出舰队之举措虽然没能让西方资本主义阵营直接掌控桑给巴尔和坦噶尼喀，但这些行动阻止了社会主义势力介入当地，也算相当奏效。所以，当坦噶尼喀和桑给巴尔真正联合起来成立联合共和国时，这一事件“被广泛地解释为西方的胜利”[30]。

以美国为首的西方国家十分认可尼雷尔作为一名领导者的素质，也十分看重他在非洲的影响力。[31]然而，怀揣极强的爱国主义情怀的尼雷尔却“对成为西方力量的傀儡和超级大国间博弈的棋子的行为敏感异常”[32]。据史密斯记述：“在联合共和国成立以后，当西方报纸祝贺他在同共产主义的斗争中夺得这个岛屿时，尼雷尔勃然大怒。”他的愤怒不仅来源于西方媒体对他的行为意图的曲解，也是因为这种言论会“使桑给巴尔人处于危难的地位，因而损害——如果不是破坏——联合共和国本身”。[33]他一直以来奉行的“无种族主义”，以“非暴力”方式夺取民族主权和在世界冷战格局中保持“不结盟”，是他为坦噶尼喀和世界的和平所做出的努力。在1964年4月25日坦噶尼喀和桑给巴尔联合的会议上，尼雷尔郑重声明：

坦噶尼喀和桑给巴尔政府决定两国联合，是基于非洲和非洲统一组织的利益。这样做是考虑到整体的利益，并没有

> 其他的原因。我们的统一不需要美国和苏联的干涉。有人认为，非洲统一进程中的每一项行动、每一项措施都与冷战活动有关，这是对非洲的侮辱。我们有自己的思想和意愿，不受他人摆布。因为我们受到一个极其简单的意识形态——统一的鼓舞，我们才要实现统一。我们提倡联盟，与国际上的任何主义都无关，我们只想支持和壮大非洲，尤其是非洲我们这一地区。两国联合后将使用一致的联合共和国外交政策，我们要为非洲统一和非洲自由而奋斗，我们奉行不结盟政策，不参与和我们无关的国际力量斗争，我们要以身份价值为基础决定在处理国际问题中的政策：同其他国家发展友谊时，我们也会采取投之以桃报之以李的态度，如果我们的盟友同我们的敌人为伍，那我们一定不会维持这种友谊。[34]

长久以来，美国都想通过尼雷尔掌控坦噶尼喀，进而在非洲的土地上获得利益。起初美国不承认桑给巴尔的新政府，也是因为那会危害到自己的利益。此番宣言一出，尼雷尔的立场和选择便很明确了。这是他力图与冷战势力划清界限，希望以独立意志和自主身份列入世界民族之林的决心。他拒绝美国的控制，把坦噶尼喀和桑给巴尔的联合“当作是迈向非洲统一的一步”[35]，以实际行动“致力于单一非洲大陆政府下的非洲统一”。同年7月20日，他在非洲统一组织开罗会议上的讲话中公开表明了自己国家鲜明的立场:“为了更大的统一，我们已经牺牲了我们的主权；为了更大的统一，我们愿意再次牺牲我们的主权。”[36]尼雷尔对于以美国为代表的资本主义阵营和以苏联为旗手的社会主义阵营之间博弈的排斥态度，以及在面对非洲统一选择时的牺牲精神带有明显的理想主义色彩。一方面，想在世界中发展而不受世界格局的影响独善其身本就十分困难。尼雷尔还想尽可能多地争取国际社会的援助，得到来自资本主义和社会主义两方面的援助，以尽快完成国内铁路等基础设施的建设。他的中立态度无疑让资本主义和社会主义两方都不能心安——这也是他在1963年7月14日至20日访美时受到极大礼遇，却未能得到美国答应全力资助的原因之一。另一方面，非洲统一所面临的问题也十分复杂。且不论非洲各个刚刚独立的国家是否愿意放弃自己的一部分主权联合组成统一的政府，各个国家内部的民族矛盾，国内人民对基本生活资料的需求问题以及资本主义势力与社会主义势力在非洲的角逐产生的影响等，这些问题早已十分纷繁复杂、难以厘清并妥善解决。所以，在这个时候如此急切地宣传、推动非洲统一就显得不那么符合时宜。

美国想让尼雷尔带领整个坦桑尼亚加入资本主义阵营以对抗社会主义，而尼雷尔只想保持自己的独立、坦桑尼亚的主权完整和"纯正的非洲性"，不同的目的终于还是让二者产生了分歧。莱昂内尔·克利夫在《从独立到自力更生》中提道：

> 在英国军队离开坦噶尼喀并由尼日利亚军队接替之后，外交压力增加了。西方国家，特别是美国，越来越担心东方国家的大使馆和联合共和国政府的一些桑给巴尔成员，扩散西方国家所谓的"共产党的"影响。坦桑尼亚从1964年开始在国际事务中采取一种更积极的不结盟立场。用尼雷尔总统的话来说，这意味着采取一些疏远西方、接近东方的步骤，以便更靠近中间。于是它接受了苏联和东欧国家的援助，并且随着坦桑尼亚和中国领导人的互访而从中国得到一笔巨额贷款。[37]

这更加重了美国的担忧。在1964年这个多事之秋，在坦桑尼亚极力想要恢复桑给巴尔岛的秩序，努力规避西方大国干预他们的内部事务时，一连串严重损害两国关系的事件发生了。

1964年11月，尼雷尔从他的老朋友坦桑尼亚驻刚果大使安德鲁·蒂班代巴盖（Andrew Tibandebage）那里得到了三份来自西方的文件。他把这件事交给自己的得力帮手，坦噶尼喀共和国首任外交部长奥斯卡·坎博纳（Oscar Kambona）处理。坎博纳在达累斯萨拉姆召开记者招待会，称这三份西方外交文电的文件是“某些西方大国”（即美国联合葡萄牙）要推翻坦桑尼亚政府并破坏他们的民族主义和解放运动的阴谋的确凿证据。于是，反美主义的热潮开始席卷坦桑尼亚。据威廉·史密斯所述，位于达累斯萨拉姆的美国大使馆几乎等了一个星期才看到“文件证据”，结果是三份用随随便便的法文写的影印文件，内容大体是要推翻尼雷尔的政府，美国希望取得英国不干涉其行动的保证和要招募南部的非洲人来发动暴动。西方世界希望尼雷尔能站出来澄清这件事情，但尼雷尔却只“发表了一篇激动人心的关于世界大国争霸问题的长篇演说，并一再提到搞错问题的可能性”[38]，并未明确声明这三份文件的真伪性。这让以美国为代表的资本主义世界感到十分失望。他们把这件事归咎于坎博纳，但尼雷尔后来坚持说，这是自己要求坎博纳处理的问题，没有别的详尽的解释和分析。这让人想起1961年12月9日坦噶尼喀获得独立后发生的一系列驱逐白人出境的事件。当时，尼雷尔态度坚决，表示绝不迁就被以各种理由驱逐出坦噶尼喀的西方人。他说：“多少年来，我们非洲人在我们自己的国土上受人侮辱，现在我们不再受人侮辱了。”[39]几年后，当他想起这个事件时他还是坚持他们肯定是对的。

紧接着，在11月末，美国发动了红龙行动（Operation Dragon Rouge）。当乘坐美国空军飞机的比利时伞兵营救被刚果叛乱者扣留的约1000名白人人质时，美国驻肯尼亚大使威廉·阿特伍德与占领刚果东部很多地方的叛乱运动的“外交部长”托马斯·坎扎正在内罗毕就释放人质的问题进行谈判。在所有非洲国家首脑发表的抗议声明中，尼雷尔声音最为激烈：“就在寻求保障大家安全的谈判正在举行的时刻，将外国军队空运到刚果的行动使人想起珍珠港事件。”[40]西方国家的如此行为让以尼雷尔为首的非洲人感到不安，他们强大的军事实力和“肆意妄为”的行动让他认识到自己国家的脆弱。更重要的是，美国对千名白人生命的重视与对非洲南部数百万名黑人被征服时的袖手旁观形成了鲜明的对比，这让尼雷尔更加愤怒。所以，尼雷尔和坦噶尼喀对以美国为首的西方资本主义国家产生了更强的抵触情绪。

到了1965年1月，尼雷尔认定，美国大使威廉·伦哈特手下在达累斯萨拉姆任大使馆参赞的罗伯特·戈登和驻桑给巴尔的大使弗兰克·卡卢奇在从事颠覆活动，并要求在24小时内将他们驱逐出境。他只针对这两人，不涉及对美大使馆其他人的态度，是想说明这两个人是中央情报局的人。他们正在酝酿一场推翻桑给巴尔政府的阴谋，国务院虽然不知情，但在他们成功之后国务院定会支持。[41]而美国做出的反击是要驱逐坦桑尼亚驻华盛顿的只有两个人的大使馆的参赞，并考虑以工作原因为由把伦哈特召回国去。结果，坦桑尼亚召回了他们的大使奥斯曼·沙里夫（Othman Shariff）。在之后的几个月，两国关系处于十分紧张的状态。然而，这场轩然大波的成因却似乎有些乌龙。威廉·史密斯认为，戈登和卡卢奇在争论何时该向卡鲁姆副总统致电祝贺桑给巴尔革命周年纪念时，造成了坦桑尼亚情报人员的误解。这样一来，尼雷尔就基于情报人员的错误信息做出了不太正确的判断。不管威廉·史密斯的研究结果是否正确，尼雷尔对美国的态度和种种行为都表明，尼雷尔和坦桑尼亚已经对西方想要掌控他们的行为甚至意图异常敏感，并且愿意不惜一切代价将外国势力排除在外，保持自己“不结盟”的立场和独立的主权。

在1966年6月举行的坦盟全国执行委员会会议上，尼雷尔对与美国的交恶做出了以下分析：

> 我们与美国政府发生过两次争论冲突，一次是因为我们认为其参与了针对我国的阴谋策划，另一次是由于两名美国官员行为不当，我们要求其离开坦桑尼亚。后来这两件事情都通过协议得以解决了，而且现存的援助协议都没有受到任何一次事件的影响。但是，意见出现分歧必然导致我们与美国政府之间出现了不合作的冷淡的局面，问题悬而未决，最终严重延缓了进一步援助商讨的进行。通过比较美国对于坦桑尼亚实施的援助与其对于其他非洲国家的援助，我们不难发现，不管怎样，我们所有的政策使得我实际得到的援助要比放弃这些政策来得少。[42]

长久以来的被压迫和被殖民让尼雷尔和坦桑尼亚极为珍视来之不易的民族独立，美国强大的经济和军事力量援助的诱惑未能动摇尼雷尔对不结盟政策的坚持。尼雷尔和坦桑尼亚做出挣脱西方控制的选择极为正确。正如尼雷尔所说，比起在美国的控制下得到资助快速发展，独立和完整的主权更加重要。然而，尽管尼雷尔带领坦噶尼喀坚持走在了一条正确的道路上，但他所坚持的“非暴力”改革手段还是未能避免国内发生暴乱。他想推行的“非洲统一”也因其过度理想化而难以真正在非洲推行开来。此外，在处理与西方国家的关系时，尼雷尔难免会因复杂的情感因素和认识局限而做出不太合逻辑的判断和举措；而他在西方世界所受到的肯定和关注让他害怕自己会成为西方大国操控坦桑尼亚乃至整个非洲的工具，也让坦桑尼亚的民众担心他会为西方说话。在如此左右为难的情况下，为了表明自己的“非洲主权立场”，他就更加难以做出最客观的选择和判断。在与美国交往的过程中，尼雷尔的外交能力愈发成熟。他明白了在当今世界立足，无法完全做到不站队。为了维护坦桑尼亚的独立和统一，他必须坚守立场，不受金钱和权力的诱惑，抵抗来自美国等强权的压力。此外，尼雷尔也更加明白，投靠美国怀抱走向资本主义必然会导致主权和自由的丧失，这让他坚定不移地加入了社会主义阵营，从根本上决定了坦桑尼亚未来的发展道路。

## 四、大势所趋，逐渐和解

在外交风波过去之后，坦桑尼亚与美国的关系有所缓和，但已然回不到1964年之前的状态。在此之后的外交活动中，约翰逊和尼克松政府派出的高级官员很少会在坦桑尼亚停留；而在1969年尼雷尔对加拿大进行国事访问途经华盛顿时，美国也并未邀请他停留；甚至尼雷尔在1970年10月参加联合国大会时都没有会见尼克松。[43]即便如此，美国从未停止过对坦桑尼亚的关注。1969年12月9日美国国家安全委员会（NSC）非洲跨部小组准备的文件中提到，在接下来的对非政策中，他们有“向坦桑尼亚和赞比亚提供双边技术援助，继续至少一个涉及他们的重大区域发展项目”以及“正式会见坦桑尼亚和赞比亚元首”的计划。此外，文件还提道：“美国放宽对白人政权的立场可能会被白人视为对他们政策的辩护。在赞比亚和坦桑尼亚的带领下，许多以黑人为主的国家可能会指责我们将我们所宣称的理想屈从于物质利益，放宽白人政权的政策。这种反应可能在不同程度上对我们在黑人国家的政治、经济和战略利益产生不利影响。”[44]这个判断十分符合非洲的情况。长久以来，尼雷尔最想做的，就是消除白人和其他外来种族的优势地位，夺回本来就应该属于非洲黑人的权利，让原住民能够自由平等地生活在自己的土地上并自己管理国家。不仅如此，1970年1月9日“美国国务院致驻葡萄牙大使馆的外交通信”中提道：“像卡翁达和尼雷尔这样确实全身心致力于声援整个南部非洲的非洲多数派，他们在不断强调他们对南部非洲多种族解决办法的信念。”[45]这些文件中的内容都表明，美国依旧重视坦桑尼亚和尼雷尔在非洲具有的影响力，也有了对他们更加深刻的认识，并已经考虑重新向坦桑尼亚抛出橄榄枝。

1971年，坦桑尼亚与美国的关系更加缓和。到了1974年，美国重新恢复并增加了对坦桑尼亚的援助。他们提供了约5000万美元的援助，主要用于修建通往赞比亚的大北公路。到了70年代中期，坦桑尼亚和美国在南部非洲问题上展开了一些合作，两国关系进一步改善。1976年，美国国务卿基辛格两次访问坦桑尼亚。[46]其实早在1969年访问加拿大的十个月前，尼雷尔就已经想去华盛顿访问，以此帮助改善坦桑尼亚和非洲与美国的关系，但因被告知尼克松总统太忙而作罢。虽然尼雷尔依旧对美国支持南非种族主义政权，阻挠纳米比亚独立，利用国际货币基金组织干涉坦桑尼亚政策和经济发展等多有不满、不时批评，但与美国持续交恶总不是长久之计。

终于，尼雷尔等来了卡特。1977年8月4日，“在接受肯尼迪的邀请初次正式访美的14年之后，尼雷尔第二次正式访美”，《华盛顿邮报》将尼雷尔的此次访问定位为美国对非政策的转折点。尼雷尔是吉米·卡特在任期间，第一位受邀访问白宫的非洲黑人领袖。长期以来，美国通过其大公司和银行的活动以及前几届政府不明确的态度参与在南部非洲维持白人霸权和剥削黑人的活动。而卡特则被视为能够改变这一局面的人，因为他不像历史上的其他总统一样需要对美国企业承担那么多的政治义务。不仅如此，卡特还在政治决策上亏欠了美国黑人，这也可能使他在面对非洲黑人的要求时怀有更多的同情。卡特成功地说服了非洲人，让他们相信美国是真诚地想改变对非政策。尼雷尔的访问，对于卡特来说是要将口头承诺变成实际行动的良机。[47] 1977年坦桑尼亚遭遇严重旱灾后，美国向坦桑尼亚提供了财政援助和9万吨的粮食援助。在1978年和1979年坦桑尼亚与乌干达的冲突中，美国公开表示支持坦桑尼亚。1979年1月，两国签署了美国重新向坦桑尼亚派出“和平队”的协定。1980年，两国签订坦桑尼亚军官赴美接受训练的协定。美国从1961年到1977年对坦桑尼亚的援助达到2.1亿美元。至1984年，美国共向坦桑尼亚提供了近4亿美元的援助，其中一半为贷款，另一半为赠款。[48]

1985年11月15日，尼雷尔辞去了总统的职务，让桑给巴尔的阿里·哈桑·姆维尼（Ali Hassan Mwinyi）接任了自己的位置，圆满完成了自己作为坦桑尼亚最高领导人的任务，也让坦桑尼亚与美国的关系恢复到了最初的交好状态。

## 五、结语

对于尼雷尔而言，美国是个亦福亦祸的存在。一方面，美国实力强大，国际化程度高，是最好的求援对象和国际舞台。美国对坦噶尼喀的独立和坦桑尼亚的建设起到了关键性的援助作用，为尼雷尔和坦桑尼亚提供了看世界的窗口，使他们站上了世界舞台。另一方面，美国野心勃勃，想通过尼雷尔掌控坦桑尼亚，并由此介入非洲事务。所以，尼雷尔必须要小心应对美国对坦桑尼亚和整个非洲的觊觎，否则一不小心自己就会成为美国掌控坦桑尼亚甚至整个非洲的工具。对自由和独立主权的坚定追求让他投入社会主义的怀抱，因而一度与美国交恶。但即便如此，美国也一直认可尼雷尔是一位有魅力的领导者和有能力的演说家，这更加反映出尼雷尔所具有的个人魅力和特殊品质。在与美国交往的过程中，尼雷尔的政治理想一览无余。他通过演讲践行“非暴力”的理想，在拒绝美国掌控中坚持对独立自主的追求，为坦桑尼亚屹立于世界之林奠定了坚实基础。

**引用文献：**

1. 威廉·埃杰特·史密斯:《尼雷尔》，上海《国际问题资料》编辑组译，上海人民出版社，1975，第1页。

2. 同上书，第3页。

3. John Hatch, *Two African Statesman: Kaunda of Zambia and Nyerere of Tanzania* (Chicago: Henry Regnery Company, 1976), p. 99.

4. 朱利叶斯·尼雷尔:《尼雷尔文选》(第一卷：自由与统一，1952—1965)，韩玉平译，沐涛译校，华东师范大学出版社，2015，第11页。

5. ACOA Action News, “Julius Nyerere and George Shepherd,” March 1955, accessed May 30, 2021, https://africanactivist.msu.edu/image.php?objectid=32-131-B2.

6. John Hatch, *Two African Statesmen: Kaunda of Zambia and Nyerere of Tanzania* (Chicago: Henry Regnery Company, 1976), p. 102.

7. 朱利叶斯·尼雷尔:《尼雷尔文选》(第一卷：自由与统一，1952—1965)，韩玉平译，沐涛译校，华东师范大学出版社，2015，前言第15页。

8. 威廉·埃杰特·史密斯:《尼雷尔》，上海《国际问题资料》编辑组译，上海人民出版社，1975，第81页。

9. John Hatch, *Two African Statesmen: Kaunda of Zambia and Nyerere of Tanzania* (Chicago: Henry Regnery Company, 1976), p. 102.

10. 阿诺德·特穆:《民族主义的兴起和胜利》，载伊·基曼博、阿·特穆主编:《坦桑尼亚史》,钟丘译,商务印书馆,1973,第404页。

11. Julius Nyerere, “Mwalimu’s Last Speech in the General Assembly of the UN,” *Kazamsuli*, May 18, 2015, accessed June 3, 2022, https://www.youtube.com/watch?v=icviWbcih2Q.

12. Julius Nyerere, “Rare Footage of Julius Nyerere at the UN General Assembly in 1961,” Workplace TV, October 14, 2019, accessed June 3, 2022, https://www.youtube.com/watch?v=q_gEGEJpxZg. A.

13. 朱利叶斯·尼雷尔:《尼雷尔文选》(第一卷:自由与统一,1952—1965),韩玉平译,沐涛译校,华东师范大学出版社,2015,第102–103页。

14. Paul Bjerk, *Building a Peaceful Nation: Julius Nyerere and the Establishment of Sovereignty in Tanzania, 1960–1964* (Rochester, NY: University of Rochester Press, 2015), p. 91.

15. John Hatch, *Two African Statesmen: Kaunda of Zambia and Nyerere of Tanzania* (Chicago: Henry Regnery Company, 1976), pp. 109-111.

16. 朱利叶斯·尼雷尔:《尼雷尔文选》(第一卷:自由与统一,1952—1965),韩玉平译,沐涛译校,华东师范大学出版社,2015,第16页。

17. 威廉·埃杰特·史密斯:《尼雷尔》,上海《国际问题资料》编辑组译,上海人民出版社,1975,第76页。

18. Anonymous, “National Museum Receives Mwl. Nyerere’s Photos,” October 11, 2019, accessed June 4, 2021, https://www.ippmedia.com/en/node/69737.

19. Tanganyika Political Situation, *Including Nyerere Briefing Book*, July 15-16, 1963, pp. 20-23.

20. Julius Nyerere, “Nyerere’s Official Visit to US 1963,” M.M Mwanakijiji, June 18, 2011, accessed June 3, 2022, https://www.youtube.com/

watch?v=aF3CHxwhObE.

21. Amrit Wilson, *The Threat of Liberation: Imperialism and Revolution in Zanzibar* (London: Plato Press, 2013), p. 1.

22. Don Peterson, *Revolution in Zanzibar: An American's Cold War Tale* (Boulder: Westview Press, 2002), pp. 6-9.

23. Amrit Wilson, *The Threat of Liberation: Imperialism and Revolution in Zanzibar* (London: Pluto Press, 2013), p. 1.

24. Don Peterson, *Revolution in Zanzibar: An American's Cold War Tale* (Boulder: Westview Press, 2002), p. 4.

25. Ng'wanza Kamata, Issa G. Shivji and Saida Yahya-Othman, *Development as Rebellion: A Biography of Julius Nyerere, Book Two: Becoming Nationalist* (Dar es Salaam: Nkuki na Nyota Publishers Ltd., 2020), p. 191.

26. John F. Kennedy, "Address on the First Anniversary of the Alliance for Progress," March 13, 1962, accessed June 3, 2022, https://www.presidency.ucsb.edu/documents/address-the-first-anniversary-the-alliance-for-progress#:~:text=John%20F.%20Kennedy%2035th%20President%20of%20the%20United,of%20the%20Alliance%20for%20Progress.%20March%2013%2C%201962.

27. Amrit Wilson, *The Threat of Liberation: Imperialism and Revolution in Zanzibar* (London: Pluto Press, 2013), p. 2.

28. 裴善勤编著:《坦桑尼亚》，社会科学文献出版社，2008，第147页。

29. Ng'wanza Kamata, Issa G. Shivji and Saida Yahya-Othman, *Development as Rebellion: A Biography of Julius Nyerere, Book Two: Becoming Nationalist* (Dar es Salaam: Nkuki na Nyota Publishers Ltd., 2020), p. 181.

30. 威廉·埃杰特·史密斯:《尼雷尔》,上海《国际问题资料》编辑组译,上海人民出版社,1975,第197页。

31. Tanganyika Political Situation, *Including Visit of Julius Nyerere to U.S.*, July 1963, pp. 8-15.

32. Ng'wanza Kamata, Issa G. Shivji and Saida Yahya-Othman, *Development as Rebellion: A Biography of Julius Nyerere, Book Two: Becoming Nationalist* (Dar es Salaam: Nkuki na Nyota Publishers Ltd., 2020), p. 181.

33. 威廉·埃杰特·史密斯:《尼雷尔》,上海《国际问题资料》编辑组译,上海人民出版社,1975,第200–201页。

34. 朱利叶斯·尼雷尔:《尼雷尔文选》(第一卷:自由与统一,1952—1965),韩玉平译,沐涛译校,华东师范大学出版社,2015,第216–217页。

35. 同上书,第216页。

36. 同上书,第222页。

37. 莱昂内尔·克利夫:《从独立到自力更生》,载伊·基曼博、阿·特穆主编《坦桑尼亚史》,钟丘译,商务印书馆,1973,第348页。

38. 威廉·埃杰特·史密斯:《尼雷尔》,上海《国际问题资料》编辑组译,上海人民出版社,1975,第217页。

39. 同上书,第115–116页。

40. 同上书,第218–219页。

41. 同上书,第223页。

42. 朱利叶斯·尼雷尔:《尼雷尔文选》(第二卷:自由与社会主义,1965—1967),李琳、徐宜修、王磊译,张忠祥译校,华东师范大学出版社,2015,第139–140页。

43. 威廉·埃杰特·史密斯:《尼雷尔》,上海《国际问题资料》编辑组译,上海人民出版社,1975,第228页。

44. Myra F. Burton (ed.), “Paper Prepared by the National Security Council Interdepartmental Group for Africa, AF/NSC-IG 69-8 Rev. A, Washington, December 9, 1969,” *Foreign Relations of the United States, 1969-1976,* Volume XXVIII Southern Africa, p. 45.

45. Ibid., pp. 206-207.

46. 裴善勤编著:《坦桑尼亚》，社会科学文献出版社，2008，第554页。

47. Roger Mann, “Nyerere Visit Seen as Symbol of Shift in U.S. Policy on Africa,” *The Washington Post*, August 4,1977, accessed May 1, 2022. https://www.washingtonpost.com/archive/politics/1977/08/04/nyerere-visit-seen-as-symbol-of-shift-in-us-policy-on-africa/3bd1b9cf-11cc-4e85-a81a-f71532ed4bf0/.

48. 裴善勤编著:《坦桑尼亚》，社会科学文献出版社，2008，第554页。

# 第九章　尼雷尔与中国

赵白生*

衡量领袖的一大标志，就是看其有没有在历史上留下经得起推敲的里程碑。从坦桑尼亚与中国的关系上看，尼雷尔树立了三座丰碑。它们分别是：联合三国建造了被称为“自由之路”的坦赞铁路；①帮助当时国际上备受孤立的中国恢复在联合国的合法权利；为中国参与非洲的独立运动提供了历史契机。

研究问题，应该从问题的开始时开始。②追根溯源，我们往往忘了一个极为关键的出发点，即《国际歌》里所倡导的“英特纳雄耐尔”——国际主义。这正是我们当今的价值观和世界观教育里所缺失的一环。

这一环，尼雷尔说得十分透彻：

---

* 赵白生，北京大学外国语学院世界文学研究所教授、博士生导师，北京大学世界传记研究中心主任。其余部分，详见第五章脚注。

① 有关铁路的命名，尼雷尔相当在意，专门撰文有所论及，以便“名正言顺”。1976年7月14日铁路完工，举行官方交接仪式。尼雷尔做了发言，标题非常醒目:《坦赞铁路——从夸张化的“中国”铁路到“我们的”铁路》(“TAZARA-From a Caricature of a ‘Chinese’ Railway to ‘Our’ Railway”)。大功告成之后，再说此言，颇有深意。其实，这条铁路如果被命名为“中坦赞铁路”，意义更大。它既符合三国合作的历史事实，对得起埋骨他乡的牺牲者，更弘扬一种亚非跨洲之间的国际主义精神。援建项目，命名时体现中国元素，其国际主义的跨文化意义，大矣!

② 印象中，意大利哲学家维科似乎说过类似的话，但网上遍查，没有找到真凭实据。

二十世纪的挑战是，如何把民族主义转化为国际主义。我们的成败在于，我们有无勇气相信国际机构，而在其中我们都只是一个小角色；我们的成败还在于，民族国家的领袖们能否在平等的基础上走向统一。

追寻和平，其路漫漫，而且艰辛。这条路，前人披荆斩棘，由来已久。大格·哈马斯乔德曾经引用过一位公元前350年的中国哲人的故事。这位哲人“周游列国，帮助世人，解决纷争”。[1]

这位中国哲人的跨国传人，难道是尼雷尔吗？

## 一、“自由之路”

修建一条赞比亚和坦桑尼亚之间的铁路，实际上是一个老课题。有关铁路的第一份考察报告出现在1952年。[2]众所周知，赞比亚属于内陆国，没有出海口，可是，它的铜矿闻名遐迩，是其经济命脉，迫切需要出口。火上浇油的是，南部非洲的国家政治形势动荡，卡翁达所领导的赞比亚出于道义，必须选边站，支持黑人的独立运动。这样一来，南部非洲的白人统治者就要掐赞比亚的脖子，切断其铜矿出口的老路。

对赞比亚来说，开辟新道，迫在眉睫。

毫无疑问，向东拓展，建造一条铁路，横穿坦桑尼亚和赞比亚，从达累斯萨拉姆出海，是上上策。然而，如此巨大的工程，尽管造福两国，谁来投资？

由于两国被殖民的历史背景，这一工程首先想到由西方诸强承包。工程的讨论，一开始在赞比亚和英国之间展开。其后，美国和其他西方国家也做过可行性研究。最后得出一致结论，建造如此庞大的工程，经济上入不敷出，从长远讲也不划算。在卡翁达的授意下，赞比亚驻苏联大使、金融部长、农业部长一起出面，试图说服苏联伸出援手，但也被苏联人以内顾无暇为由婉言谢绝。[3]

英国、美国、苏联都是强国，国力雄厚，技术先进，却纷纷打退堂鼓，知难而拒。处处碰壁之后，尼雷尔决定亲自出马，敲一敲中国的大门。敲门之前，鉴于此前一而再再而三的失败经验，他于1965年初派出先锋来打前站。这位先锋就是负责商务合作的部长阿伯杜拉曼·巴布（Abdulrahman Babu）。巴布属于亲中派，与中国人关系密切。他来放风说，尼雷尔总统想修建一条铁路，可是没有国家愿意援助，所以，他才来找中国帮忙。中国人肯不肯援建这个项目，巴布本人心里一点底也没有。因为他知道，中国不久前经历过三年困难时期。但他提醒说，即使中国不同意做这个大项目，也不要立马回绝。如果回绝，尼雷尔总统会特别失望，最好告诉他能考虑考虑。

事实上，尼雷尔访华时，在一开始的会谈中并没有提及修建坦赞铁路的事。他提心吊胆，生怕再次被拒。因为巴布的吹风在前，中方知道他的心思和出访的重点，就婉言提示他。最后，尼雷尔鼓足勇气，向中国国家主席刘少奇说出了这一请求。当他得知，中国领导层同意了他的诉求，兴奋无比。开口之前，他紧张得甚至不敢呼吸，这时才如释重负，长长地吁出气来。[4]

可以说，尼雷尔被压得喘不过气来，不仅仅是因他面对中国领导人的开口压力，更因为这项工程后面沉重的天文数字。

中方提供建造坦赞铁路的无息贷款为：28.65亿先令（Shs. 2865 million）！人民币总计：9.88亿元！尼雷尔简直是“先知”，项目开工仪式上说的话，一语成谶：“但是，我也指出，这笔钱必须偿还。对于这点，我们应该不存幻想，这很重要。中国在帮助赞比亚和坦桑尼亚。可是，责任在我们身上。”①[5]

然而，尼雷尔对破除还款“幻想”，似乎并没有切实的行动方案。他之所以不惜一切代价来建造铁路，是因为这条铁路除了表层原因之外，还有更深层的原因：

> 当然，这条铁路完工之后，它的受益者不仅仅是赞比亚。坦桑尼亚也会得到迅速而直接的益处。跟赞比亚一样，坦桑尼亚将受益于有可能增长的商业；它将受益于赞比亚使用达累斯萨拉姆港口而不是葡萄牙控制的贝拉港；它将受益于因为铁路这个纽带而更加密切的两国之间的自由联盟，并能帮助两国抵御那些非洲尊严和自由的敌人所强加在我们身上的压力。
>
> 它的益处，远不止此。整个非洲都会从这条铁路上受益……[6]

铁路的意义，尼雷尔说得非常明了：主要是为了解决赞比亚和坦桑尼亚的经济问题。但铁路的意义，又远远超越于经济问题本身。在此，尼雷尔把它上升到了两个高度：自由联盟和非洲统一。在他看来，这条铁路不仅仅把赞比亚和坦桑尼亚在地理上连接在一起，更是把赞比亚与非洲东部的其他国家也连接在一起，从而让赞比亚在某种意义上更容易融入东非共同体。因此，铁路成了东部非洲一体化的纽带。同样，由于非洲东部的整合，整个

---

①　尽管后任总统，如本杰明·威廉·穆卡帕，一再指出中国提供的是无息贷款，但实际上这两个国家一直未偿还贷款，至2011年中国减免了这笔贷款的50%。参见：Department of Policy Planning, Ministry of Foreign Affairs, PRC (ed.), *A Monument to China-Africa Friendship: Firsthand Account of the Building of the TAZARA*, trans. Chen Feng, Jarrod Williams, and Nicholas James Compton (Beijing: World Affairs Press, 2015), p.185.

非洲的统一就有了坚实的基础。不难看出，作为泛非主义者，尼雷尔用他的实际行动在履行他的理念——非洲一体化。他本人一直倡导“把民族主义转化为国际主义”。通过铁路，他把这一“转化”落到实处。不妨说，在他看来，铁路是这一“转化”的催化剂。

坦赞铁路被称为“自由之路”（the Uhuru Railway），[7]主要因为这条铁路是南部非洲各国自由独立运动的坚实后盾。1976年7月，在坦赞铁路的交接仪式上，尼雷尔指出：

> 这条铁路，我们的铁路，曾经被叫作中国铁路，完工啦。这条铁路把坦桑尼亚和赞比亚连在一起。东部非洲铁路系统和南部非洲铁路系统也因此而连在一起。所有这些为整个非洲的自由做好了铺垫。[8]

“自由”是尼雷尔思想的起点，也是他思想的终点。尼雷尔自从政初期发表演讲开始，直到1999年去世为止，在长达半个世纪的时间里，从来没有哪个词像“自由”一样贯穿了他生命的始终。[①]他的文集标题，便是明证：《自由与统一》（*Freedom and Unity: A Selection from Writings and Speeches, 1952-1965*）、《自由与社会主义》（*Freedom and Socialism: A Selection from Writings and Speeches, 1965-1967*）、《自由与发展》（*Freedom and Development: A Selection from Writings and Speeches, 1968-1973*）、《自由与解放》（*Freedom and Liberation: A Selection from Writings and Speeches, 1974-1999*）、

① 坦桑尼亚学者最近出版的三卷本大部头尼雷尔传记，虽然厚重，但用“发展”（Development）作为关键词，来概括尼雷尔的一生，似乎没有抓住要领。事实上，发展问题，是尼雷尔的一大软肋。参见：Issa G. Shivji, Saida Yahya-Othman and Ng’wanza Kamata, *Development as Rebellion: A Biography of Julius Nyerere* (Dar es Salaam: Mkuki na Nyota Publishers Ltd., 2020).

《自由、不结盟与南南合作》(*Freedom, Non-Alignment and South-South Cooperation: A Selection from Writings and Speeches, 1974-1999*)、《自由与新的世界经济秩序》(*Freedom and a New World Economic Order: A Selection from Speeches, 1974-1999*)。其实，作为国父型领袖，尼雷尔的准确定位是自由斗士。正如他在自述里所说："然后我进入政治，为自由而战。"[9]他的自由思想，不过是他斗争的武器。但尼雷尔的不朽之处在于，他终身所追求者，不是坦桑尼亚一国的自由，更不是东部非洲一个区域的自由，而是"整个非洲的自由"。

铁路，对他来说，就是自由的生命线。

简言之，坦赞铁路的作用，可以用"四化"来概括。尼雷尔谈得更多的是"两化"——非洲的自由化和非洲的一体化。坦赞铁路的作用，其实还有"两化"：即非洲的工业化①和东向国际化。这后"两化"，其意义，跟前"两化"比，毫不逊色。

## 二、返联合国

20世纪60—70年代，中国的国际形势，一言蔽之，乌云密布。中苏关系基本交恶，冲突不断；中印方面兵戎相见，相当敌意；中国与西方集团之间由于冷战影响乍暖还寒；台湾当局直到1971年之前依然占据在联合国的席位。这个时候，中国最需要世界舞台和国际朋友，而能真正站出来为中国说话者寥寥无几。

尼雷尔则是其中的开路先锋。

20世纪60年代中期，尼雷尔访华时就声明，坦桑尼亚在超级

① 参见：Jamie Monson, *Africa's Freedom Railway: How a Chinese Development Project Changed Lives and Livelihoods in Tanzania*, Bloomington & Indianapolis: Indiana University Press, p. 44, p. 48, p. 67。

大国之间不选边站，而是奉行不结盟政策。因为体现东非古老智慧的格言告诉他，大象打架，小草遭殃。他说：

> 在13世纪和14世纪，非洲东海岸就跟中国有贸易来往。现在，我们独立的国家再次跟中国建立贸易关系。随着我们经济的发展，我们迫切希望建立这种贸易交往……我们的不结盟政策意味着，在人类尊严和平等的基础上，我们可以与所有国家友好。
>
> …………
>
> 有人告诉我们，中国“危险”，她很狡猾，她的几个工程师就可以破坏我们整个国家。因此，我们应该与她摆脱干系。我们说，我现在再说一遍，这些纯属无稽之谈。我们向中国伸出友谊之手，正如我们对美国、苏联、英国和其他国家所做的一样。[10]

小国家之所以能够产生大领袖，基本原因不外乎两个：第一，有远见卓识，践行人类共同价值；第二，做到与人为善，不四面树敌。除了强调中国与非洲的传统友谊之外，尼雷尔把自己的原则说得极为显豁：人类尊严和平等。这不啻是来自非洲的“福音”。这个原则，尼雷尔1965年2月在天安门广场上对着成千上万的中国人重复了两遍：“我们可以跟所有国家友好……我们向中国伸出友谊之手，正如我们对美国、苏联、英国和其他国家所做的一样。”在那个非此即彼、非友即敌的时代，这样的“四海之内皆兄弟”的思维模式，突破了冷战思维，体现了真正的国际主义精神。

激发出人性中的善，还是挑拨出人性中的恶，是衡量伟人的一大标准。这一标准，诉诸尼雷尔，善恶自明。很多国家由于意识形态之争或历史恩怨，常常互不待见，甚至矛盾升级而大动干戈。而尼雷尔像游走钢丝的魔术师，手拿文明棍，头戴圆顶帽，在大国之间不但保持平衡，而且还要播撒文明和善良的种子——人类尊严和平等的原则。

其实，尼雷尔谈原则，是有的放矢的。空谈原则，而不解决实际问题，不是尼雷尔的做派。尼雷尔谈原则问题，其目的非常明确：要解决恢复中华人民共和国在联合国的合法权利的问题。在演讲里，他曲终奏出重点：

> 坦桑尼亚加入联合国，是因为我们相信它能促成我们的目标。我们不认为这个组织已经完美。我们认识到，这个组织必须改革。我们特别认识到，把中华人民共和国排除在外，不能增进世界和平，因而大大地降低了联合国的工作效率。然而，在我看来，把中国排除在外，与其说是联合国自身的意愿，还不如说是一个痛苦的提示：或许，亚洲、非洲、拉丁美洲和欧洲的许多国家并没有我们所宣称的那样独立。[11]

尼雷尔是现实派。一方面，他对联合国的问题有着清醒的认识：没有中国这样的大国，作为国际组织的联合国何以能在国际事务中有效斡旋？它的更大问题，即“痛苦的提示”，是联合国的话语权自从成立20年来依然把持在少数国家手中。所谓“人类尊严”，所谓“平等”，这些联合国所提倡的基本人权，谈何体现？在尼雷尔眼里，联合国的目标，就是让各国之间学会如何平等共处。联合国不是世界政府，它只是各国发声的论坛，而这样的论坛怎么可以没有世界上人口最多的国家的声音？尼雷尔提出联合国应改革，充分表现了他作为国际主义者直面现实的一面。

他更现实的一面还体现在他对历史之变的深刻洞察。他指出，

1945年，联合国成立之初，话语权基本由资本主义世界所操控。20年后，物换星移，沧桑巨变，非洲、亚洲国家跃居联合国的主力军。“我们不控制联合国，但每当我们结成统一阵线，我们就能阻止别人为一己之利而控制联合国。”[12]世界格局的变化，尼雷尔身在局中，异常敏锐。对于强势的老牌帝国，尼雷尔登高一呼，晓之以理，让它们充分认识到，联合国的改革是世界大势，无法阻挡。而恢复中华人民共和国在联合国的合法权利不过是时间问题而已。

中国重返联合国这一幕，坦桑尼亚驻联合国大使萨利姆·阿赫麦德·萨利姆（Salim Ahmed Salim）的回忆，最富戏剧性。

中国重返联合国之路，并不平坦。到20世纪70年代初，阻碍的力量依然强大。但这个时候，国际形势日益微妙。最大绊脚石美国，一方面立场坚定、毫不动摇，另一方面中美形势又暗流涌动，基辛格正积极准备访华。这就带来了机会。这个时候，非洲驻联合国的大使们开始了“奇袭”方案。他们组成了一个行动小组，成员来自坦桑尼亚、赞比亚、刚果（布）、巴基斯坦、叙利亚、阿尔及利亚、阿尔巴尼亚和罗马尼亚等国。可是，他们遇到了巨大的外部压力，所以，决定迅速行动。1971年10月25日一早，小组集合，分配任务，并正式向联合国提议，表决恢复中华人民共和国在联合国的合法权利问题。随之而来的是，各方阻挠联大第2758号决议的通过。其中一位大使摇唇鼓舌，使出浑身解数，发言长达两个小时。然而，他的发言，效果适得其反。

行动小组见机行事，提出根据联合国宪章，恢复中国在联合国的合法权利是不是重大事件，如果是，是不是需要三分之二的投票。这样，就进入了投票程序。意想不到的事情发生了，在投票之中，美国驻联合国大使布什突然走向主席台，对表决内容提出修正。表决内容为恢复中华人民共和国在联合国中的合法权利，并把蒋介石的代表从它在联合国组织及其所属一切机构中非法占据的席位上驱逐出去。布什提出，表决内容的后半部分，需要删除。根据行动小组的分工，应急事务的工作由萨利姆承担。他也走向主席台，针锋相对："主席先生，美国大使违规操作，因为根据程序规则，一旦程序启动，任何国家，即使是美国，也无权干涉投票。"联合国大会主席无可奈何，不得不说："坦桑尼亚的代表，发言正确。美国大使违规操作。"

投票结果，出乎意料，中国返联，首战告捷。其中，非洲26国投赞成票，占总票数的34%。[13]

有关这次投票，甚至有记者做了歪曲性的报道，抹黑非洲代表，谎称：投票结果一宣布，萨利姆大喜过望，奔向主席台，激动得不能自已，大跳其舞。萨利姆一再解释，尽管那时他血气方刚，敢做敢当，可是跳舞的事，纯属子虚乌有。但是仍然有人问他：

"你们总统有没有责备你？你会不会因此而被撤职？"

"你太不懂我的总统啦。实际上，他表扬了我。而你怎么会认为他要责备我呢？"[14]

事实上，萨利姆背后有一只强有力的手——尼雷尔之手。正是这只手，长久以来，一直指挥着他，为此事积极斡旋。尼雷尔的指导思想，在坦桑尼亚1965年10月举办的第一届新国会的长篇讲话里表露无遗：

> 我特别坚信，当中华人民共和国被吸纳为联合国的合法成员时，联合国将会得到大大加强。假装着6.5亿人口的共和国政府不存在，是愚蠢的；假装着这么多人口仅由一个1100万人口的台湾政权在世界的国际机构来代表，也是愚蠢的。因此，坦桑尼亚将继续努力，积极推进恢复中华人民共和国

在联合国的合法权利。[15]

可见，尼雷尔推动中国重返联合国，并非一时心血来潮。在尼雷尔的报告里，这件事仿佛是其“五年计划”的头等大事，早已成为坦桑尼亚外交的重头戏。不孤立中国，不冷落任何一个国家，这是国际主义者尼雷尔的基本信条。

## 三、独立运动

非洲历史的核心事件，无疑是非洲大陆上风起云涌的独立解放运动。在非洲这一重大历史事件中，中国没有缺席，尼雷尔起到了关键作用。首先，他指出中国援建的坦赞铁路对非洲独立解放运动所起的作用：

> 这条铁路将同时而又自动地帮助这个区域的非洲在非洲解放的斗争中贡献力量。因为它将提升我们两国的实力，而坦桑尼亚和赞比亚都有义务，运用自身的力量来支持我们大陆的全面解放。南部非洲争取自由的斗争旷日持久。五个国家深陷其中，现在两个国家已经获得自由，还有三个国家没有得到自由。[16]

其后，针对南罗得西亚①、纳米比亚和南非这三个没有获得自由独立的国家，尼雷尔一一阐明它们争取独立的不同国情：南罗得西亚的任务，就是打败以伊安·史密斯为首的白人少数派政府；为了避免全面战争，南非政府必须把权力转交给纳米比亚人民；

① 今津巴布韦。

而南非本身也必须放弃其臭名昭著的种族隔离政策。

然后，尼雷尔话锋一转，切入主题：

> 今天，我们庆祝完工的这条铁路，跟南部非洲的解放运动不无关系。对赞比亚和坦桑尼亚来说，它是获得自由的武器，所以，对南罗得西亚、纳米比亚、南非来说，它也是获得自由的武器。……中国人民让这条铁路成为可能：在这方面，还有许许多多其他方面，他们为我们的自由斗争作出了贡献。[17]

尼雷尔的国际主义思想首先体现在他立足于他脚下的大地——非洲，特别是他的近邻南部非洲——赞比亚、南罗得西亚、纳米比亚、南非。修建坦赞铁路的第一考量，是为了解决赞比亚的问题。但尼雷尔的思维，又不局限于中坦赞三国之合作。他把中坦赞三国之友谊拓展到整个南部非洲的独立运动。实际受益者，又不仅是以上五国，还有莫桑比克、乌干达、肯尼亚等周边国家，并由这些国家辐射到整个非洲。因此，我们说，尼雷尔不仅仅是坦桑尼亚之父，而且是非洲独立运动的先驱。因为他是非洲独立运动的设计师，而在他的棋局中，中国扮演了一个关键角色。

对于非洲而言，政治独立，即摆脱殖民统治的控制，固然重要，但真正意义上的独立，即思想独立，更为关键。解放思想，需要观念的源头活水。在这方面，尼雷尔独辟蹊径，飞向东方，寻求智慧。早在留学英国期间，尼雷尔就对中国表现出了浓厚的兴趣。负笈爱丁堡大学时，他认真研读过费孝通的有关中国农村经济的著作。[18]他后来雷厉风行所推广的乌贾马运动，其思想源头自然离不开非洲的家庭观念，但在这一运动的影响谱系里，中国所走的社会主义道路及其理论，占比很重。[19]乌贾马对中国人民公社的模仿，几乎亦步亦趋，甚至于自留地这种有中国特色的“资本主义尾巴”，坦桑尼亚也照搬不误。[20]自力更生、艰苦奋斗、勤俭节约，这些中国特色的关键词，也移花接木地进入了尼雷尔的核心语汇，对塑造坦桑尼亚的民族性格，作用不可低估。

仅举两例，可见一斑：

尼雷尔曾经公开后悔，不该给地方委员配置公车。私下里，他表示，访问中国时，那儿的勤俭节约之风，让他难以忘怀。1965年6月8日，他说：勤俭节约也必须是坦桑尼亚政府的标配。[21]

同样，在欢迎周恩来总理的宴会上，尼雷尔言辞恳切，语重心长：“您的政府、您的人民，厉行勤俭节约，无不高效，无不快乐。勤俭节约，意识到家，执行到位，给我上了大大的一课。这一课，也经由我，来传递给我的人民。我相信，我们将开始把这一课落到实处。”[22]

思想让一个民族在精神上独立。从这个意义上讲，尼雷尔是当之无愧的“导师”和“国父”，但尼雷尔的特别之处在于，他把坦桑尼亚领入了一个新的方向，即东向国际化。确切地说，他是非洲屈指可数的东化国际主义者。

## 四、结语

尼雷尔与中国，道不异，理不断。中国在变，[23]尼雷尔也跟着中国在变。晚年的他，通过他的继承者，也走向了市场经济。但万变不离其宗，在尼雷尔身上，某些本质的东西还在：他的追求、他的信仰、他的身份。[24]

他的终身职志，是要把自己从一个民族主义者转化为国际主义者。通过他与中国长达近半个世纪的交往，他拥有了惊人的物质资源和精神资源，加速了这一转变。

“向东方看!”（“Look East!”）[25]中国让他成为一个东化国际主

义者。①

**引用文献：**

1. Julius K. Nyerere, *Freedom and Unity: A Selection from Writings and Speeches, 1952-1965* (Dar es Salaam: Oxford University Press, 1966), p. 284.

2. Julius K. Nyerere, *Freedom and Liberation: A Selection from Speeches, 1974-1999* (Dar es Salaam: Oxford University Press, 2011), p. 96.

3. Department of Policy Planning, Ministry of Foreign Affairs, PRC (ed.), *A Monument to China-Africa Friendship: Firsthand Account of the Building of the TAZARA*, trans. Chen Feng, Jarrod Williams, and Nicholas James Compton (Beijing: World Affairs Press, 2015), p. 230.

4. Ibid., pp. 8-9.

5. Julius K. Nyerere, *Freedom and Development: A Selection from Writings and Speeches, 1968-1973* (Dar es Salaam: Oxford University Press, 1973), p. 238. 参见于子桥：《坦桑尼亚—赞比亚铁路——中国对非洲援助个案研究》，沈浦娜译，载北京大学非洲研究中心编，陆恩庭、马锐敏执行主编《中国与非洲》，北京大学出版社，2000，第283–288页。这篇文章用专节讨论了坦赞铁路的"建设费用"，颇为详尽，可供参考。See Deborah Brautigam, *The Dragon's Gift: The Real Story of China in Africa* (Oxford: Oxford University Press, 2009), p. 128.

6. Julius K. Nyerere, *Freedom and Development: A Selection from Writings and Speeches, 1968-1973* (Dar es Salaam: Oxford University Press, 1973), p. 234.

7. Department of Policy Planning, Ministry of Foreign Affairs, PRC (ed.), *A Monument to China-Africa Friendship: Firsthand Account of the Building of*

① 尼雷尔访问中国，共达13次。其访华次数之多，时间跨度之大，在各国元首中少出其右。他首次访华为1965年2月，最后一次访华是1997年7月，时间跨度30多年。

*the TAZARA*, trans. Chen Feng, Jarrod Williams, and Nicholas James Compton (Beijing: World Affairs Press, 2015), p. 192.

Jamie Monson, *Africa's Freedom Railway: How a Chinese Development Project Changed Lives and Livelihoods in Tanzania* (Bloomington & Indianapolis: Indiana University Press, 2015), p. 2.

8. Julius K. Nyerere, *Freedom and Liberation: A Selection from Speeches, 1974-1999* (Dar es Salaam: Oxford University Press, 2011), p. 95.

9. Julius K. Nyerere, "Nyerere: My Life," in Phyllis Johnson, Snezana Korica (eds.), *Julius Nyerere: Asante sana, Thank You, Mwalimu* (Joint Publishers: The House of Books, African Publishing Group, Southern African Research and Documentation Centre, Mkuki na Nyota and National Gallery of Zimbabwe, 2015), p. 108.

10. Julius K. Nyerere, *Freedom and Unity: A Selection from Writings and Speeches, 1952-1965* (Dar es Salaam: Oxford University Press, 1966), pp. 323-324.

11. Ibid., p. 324.

12. Ibid., p. 325.

13. George T. Yu, "Africa in Chinese Foreign Policy," *Asian Survey* 28. 8 (1988):855.

14. Department of Policy Planning, Ministry of Foreign Affairs, PRC (ed.), *A Monument to China-Africa Friendship: Firsthand Account of the Building of the TAZARA*, trans. Chen Feng, Jarrod Williams, and Nicholas James Compton (Beijing: World Affairs Press, 2015), pp. 197-199.

15. Julius K. Nyerere, *Freedom and Socialism: A Selection from Writings and Speeches, 1965-1967* (Dar es Salaam: Oxford University Press, 1968), p. 100.

16. Julius K. Nyerere, *Freedom and Liberation: A Selection from Speeches, 1974-1999* (Dar es Salaam: Oxford University Press, 2011), p. 99.

17. Ibid., pp. 101-102.

18. Thomas Molony, *Nyerere: The Early Years* (Suffolk: James Currey, 2014), p. 168.

19. Priya Lal, *African Socialism in Postcolonial Tanzania: Between the Village and the World* (Cambridge: Cambridge University Press, 2015), p. 98.

20. Edwin Mtei, *From Goathead to Governor: The Autobiography of Edwin Mtei* (Dar es Salaam: Mkuki na Nyota Publishers, 2009), p. 161.

21. Irene & Roland Brown, "Approach to Rural Mass Poverty," in Colin Legum, Geoffrey Mmari (eds.), *Mwalimu: The Influence of Nyerere* (Joint Publishers: Britain-Tanzania Society, James Currey Ltd., Mkuki na Nyota and African World Press, 1995), p. 11.

22. Julius K. Nyerere, *Freedom and Socialism: A Selection from Writings and Speeches, 1965-1967* (Dar es Salaam: Oxford University Press, 1968), p. 34.

23. Issa G. Shivji, Saida Yahya-Othman and Ng'wanza Kamata, *Development as Rebellion: A Biography of Julius Nyerere, Book Three: Rebellion Without Rebels* (Dar es Salaam: Mkuki na Nyota Publishers Ltd., 2020), p. 367.

24. Nawal El Saadawi, "Interview: President Nyerere Talks to *El Mussawa* (1984)," in Chambi Chachage, Annar Cassam (eds.), *The Legacy of Nyerere* (Kampala: Pambazuka Press, 2010), p. 13.

25. Chris Alden, Ana Cristina Alves, "History & Identity in the Construction of China's Africa Policy," *Review of African Political Economy* 35. 115 (March, 2008): 56.

# 后　记

《尼雷尔传论》项目得以杀青，几个方面，特别鸣谢。

首先，感谢中国驻坦桑尼亚大使馆最近的三任大使及相关负责人员。项目自2017年开始，风风雨雨，坎坎坷坷，但三任大使不离不弃，一直支持，让项目有始有终，划上句号。苟皓东公参是非洲通，运筹帷幄，牵线搭桥，项目前期的采访工作，如鱼得水。大使馆政治处，跟进项目，强力有序。“公共外交”如何与跨文化学术研究相结合，摸索新路，结出硕果——“跨文化公共外交”，这是我们跟使馆合作的初衷。

大使馆和项目组共同合作的故事颇多，也很动人。有些故事还染上了非洲特有的传奇色彩：一天下午，苟皓东公参和项目组突然获得一个意外的消息。商议之后，便当机立断，第二天就驱车长途跋涉，赶赴首都多多马，采访曼德拉的遗孀格蕾莎·马谢尔（Graça Machel）。格蕾莎·马谢尔这样的人极其罕见：两国国母、举世无双。

感谢尼雷尔家族。几次采访中，我们感受到了坦桑尼亚国母玛丽亚（Mama Maria Nyerere）身上所散发出的尼雷尔气息。当被问及她与尼雷尔的关系时，她不假思索，所做回答，十分质朴：“我们只是合作伙伴（co-workers）。”据苟公参说，她因为不满西方人写的尼雷尔传，曾经提出，希望中国人写一部尼雷尔传。如果这样的话，她的想法，跟我的想法不谋而合，可谓中非之间心有灵犀一点通。尼雷尔的长子安德鲁（Andrew Nyerere）和女儿玛吉格（Magige Nyerere）在尼雷尔生前住过的家里接受了我们的采访。尼雷尔的长女安娜（Anna Nyerere）不但参与了项目的部分前期工作，而且还跟着项目组披星戴月奔赴赞比亚采访其国父卡翁达先生（Kenneth Kaunda）。

其情其谊，久久难忘。

感谢项目组的所有成员。项目的最初规划，是做一部有特色的《尼雷尔口述传记》。主要目的，想通过实地采访坦桑尼亚历史上的关键人物和底层百姓，来为其国父尼雷尔重新塑像。但由于疫情不断肆虐等原因，项目中途转型，改为写一部以研究为重心的《尼雷尔传论》。尽管如此，项目的早期参与者和后期撰稿人，我们都非常感谢，其中包括：陈俐利、程莹、韩红、图尔荪·克麦尔尼亚孜、李俊豪、李坤若楠、李琼璐、马骏、孙丽华、于岫冰、赵凯、赵之韵等。王荃博士和李琼璐博士生，先后担任项目组的秘书长，台前幕后，尽心尽职，值得称道。

感谢坦桑尼亚驻中国大使馆，特别是凯鲁基大使（Mbelwa Kairuki）。2021年尼雷尔日，大使馆和北京大学世界传记研究中心联手，合作举办了“《尼雷尔传论》专题研究会”，让我们团队的研究成果集体亮相，受到了来自坦桑尼亚、埃塞俄比亚、莫桑比克、南非、圣多美和普林西比等非洲七国大使的“学术大检阅”。听完报告后，大使们异常兴奋，当场总结出一条“中国经验”：也让非洲教授领衔，组建非洲的青年学者团队，来做中国领袖的跨文化传记。看来，我们团队的“学术首秀”，还真产生了“国际影响”。事实上，无论是学术报告，还是书中稿件，虽然一再打磨，有的文章甚至九易其稿，但不可否认的事实是，“首秀感”依然强。不过，我们有一个朴素的愿望：培养新一代的中国非洲学家，这本书希望能充当一块敲门砖。

感谢北京大学非洲研究中心的李安山教授、刘海方主任、潘华琼博士、许亮博士。2019年尼雷尔日，中心举办了盛大的尼雷尔研讨会，奏响了“非洲领袖跨文化研究”的序曲。我的文稿——“尼雷尔与南南合作”，即脱胎于那次会议的主题发言。

感谢接受我们书稿的世界知识出版社，特别是责任编辑侯奕萌女士。她陪着我们，一稿又一稿，耐心十足，跟书一起成长。

非常感谢中土集团东非有限公司的领导姜义高先生，中土集团纳米比亚有限公司的领导朱庆连先生、向鑫先生，中国驻纳米比亚大使馆的陈诚先生。他们的后勤保障，解决了我们的后顾之忧。能到纳米比亚采访其国父努乔马先生（Sam Nujoma），他们功不可没。

最后，十分感谢坦中友好协会的负责人卡哈马先生（Joseph Kahama）和他的几位助手。在坦桑采访期间，我们日夜兼程，并肩战斗，为21世纪的中坦友谊敲出了新的鼓点。这些鼓点能否引发中坦之间跨文化沟通的潮流，我们心存奢望。但无论如何，新世纪的中非跨文化交流，我们介入了、出力了、动笔了。

《尼雷尔传论》，即是答卷。

**赵白生**

**北京大学世界传记研究中心**

2022年6月22日